suhrkamp taschenbuch 4915

Florian
Henckel von Donnersmarck

WERK OHNE AUTOR

Filmbuch

Suhrkamp

Erste Auflage 2018
suhrkamp taschenbuch 4915
Originalausgabe
© Suhrkamp Verlag Berlin 2018
Alle Rechte vorbehalten, insbesondere das der Übersetzung,
des öffentlichen Vortrags sowie der Übertragung
durch Rundfunk und Fernsehen, auch einzelner Teile.
Kein Teil des Werkes darf in irgendeiner Form
(durch Fotografie, Mikrofilm oder andere Verfahren)
ohne schriftliche Genehmigung des Verlages reproduziert
oder unter Verwendung elektronischer Systeme
verarbeitet, vervielfältigt oder verbreitet werden.
Umschlagfoto: © 2018 BUENA VISTA INTERNATIONAL
Druck und Bindung: CPI – Ebner & Spiegel, Ulm
Printed in Germany
ISBN 978-3-518-46915-6

Inhalt

Dramatis Personae
6

Drehbuch
11

Abspann
145

Große Kunstwerke vermögen es, dass wir
nach ihrer Betrachtung die Welt etwas anders sehen.
Schriftliches Interview von Thomas Schultze
mit Florian Henckel von Donnersmarck
149

Emulsion und Wirklichkeit.
Thomas Demand und Alexander Kluge im Gespräch
über den Film *Werk ohne Autor*
181

Quellen
200

Dramatis Personae

Familie Barnert

KURT BARNERT nicht groß, knabenhaft. Auch im fortschreitenden Alter geschickt und behände, fast akrobatisch. Kühler, ruhiger, stählerner Blick – ein Beobachter. Ein Meister des Verstehens mehr denn des Wortes. Wirkt vielleicht auf manche Menschen etwas streng. Ist gleichzeitig aber sehr liebebedürftig. Man fühlt mit ihm, gerade weil er sich diese Bedürftigkeit nicht anmerken lässt, ja, sie sich selbst kaum eingesteht.

JOHANN BARNERT Kurts Vater. Arbeitsloser Grundschullehrer. Verlor seine Lehrstelle, weil er sich weigerte, der NSDAP beizutreten. Liebevoll und milde. Anrührend in seinem geradezu komischen Pech. Weil er um seine Veranlagung zum Unglück weiß, hört er vielleicht etwas zu sehr auf den Rat seiner deutlich jüngeren Ehefrau, Waltraud.

WALTRAUD BARNERT Kurts Mutter, Johanns Ehefrau.

Familie May

MALVINE MAY Kurts Großmutter; Mutter von Waltraud Barnert sowie von Günther, Ehrenfried und Elisabeth May.

GÜNTHER MAY Kurts Onkel; jüngerer Bruder von Kurts Mutter Waltraud.

EHRENFRIED MAY Kurts Onkel; jüngster Bruder von Kurts Mutter Waltraud und Günther.

ELISABETH MAY Kurts Tante, jüngstes Kind von Malvine May, jüngste Schwester von Waltraud, Günther und Ehrenfried. Schön, blond, sportlich, positiv, individualistisch, kinderlieb, energievoll, mitreißend, extrem sensibel. Begabte Klavierspielerin, interessiert sich auch für bildende Kunst und für Psychoanalyse – eigentlich für alles. Weil es sich ihre Familie aber für sie wünscht, macht sie eine Bürolehre bei einem Hersteller von Radiogeräten in Dresden. Was ihr durchaus recht ist, weil für sie Kunst und Kunsterlebnisse überall zu finden sind.

Familie Seeband

ELLIE (ELISABETH) SEEBAND studiert Mode an der Kunstakademie Dresden. Carl und Martha Seebands einziges Kind. Geschmackvoll, verständnisvoll, harmoniebedürftig – fast weise trotz ihres jungen Alters. Wenn sie aber in der Mitte der Nacht geweckt und gefragt würde, wer und was sie sei, würde sie vermutlich nicht ihren Namen nennen, sondern sagen: »Professor Seebands Tochter.«

PROFESSOR DR. CARL SEEBAND Ellies Vater – der größte deutsche Frauenarzt seiner Generation. Kennt nur ein Credo: Ganz gleich, was man macht, man muss der Beste sein.

MARTHA SEEBAND Ellies Mutter – eine schöne, große Frau, die selbst in der DDR ganz mühelos den Reiz der Upperclass ausstrahlt.

FRAU HELLTHALER Professor Seebands Privatsekretärin. Wohnt im Hause Seeband. Auch sie die Beste.

Medizin

DR. BURGHARD KROLL Psychiater, SS-Mann, Leiter des »Euthanasie«-Programms für das gesamte Reich. Sehr gepflegt, spricht immer sehr leise, in der Art der Leute, die gewöhnt sind, dass man ihnen zuhört.

Militär

NKWD-MAJOR ALEXANDER MICHAILOWITSCH MURAWJOW Kommandant des Speziallagers Mühlberg; später KGB-General. Erfahren, machtbewusst, charismatisch, leidenschaftlich. Ein Bär von einem Mann – und doch ein Herr.

Kunstakademie Dresden

PROFESSOR HORST GRIMMA Professor in Dresden. Unter den Nazis verfolgt, sieht er den Sozialismus nun als Garant für Frieden und Gemeinschaft. Und will ihm auf seinem Gebiet – dem der Kunst – helfen, wie er nur kann. Glaubt, in Kurt einen Gleichgesinnten gefunden zu haben.

MAX SEIFERT Mitstudent in Dresden, später Kurts künstlerischer Assistent.

Kunstakademie Düsseldorf

ANTONIUS VAN VERTEN Professor in Düsseldorf. Mysteriös, charismatisch, ausgezehrt, fanatisch. Schön? Hässlich? Schwer zu sagen. Ein Magier eben. Den aber auch viele für einen Scharlatan halten.

HARRY PREUSSER Mitstudent in Düsseldorf. Ehrgeizig, hochintelligent, ein Lebemensch. Hat seine »Idee« gefunden – mit 23 – und bleibt dabei. Hat sich durch Fleiß und Brillanz aus der Arbeiterschicht hochgearbeitet. Neid ist ihm nicht fremd. Aber auch Arroganz nicht. Dennoch ist ihm nichts wichtiger als die Kunst.

ARENDT IVO Mitstudent in Düsseldorf, lehnt »hehre Kunst« ab. Will sich auf nichts festlegen, außer was ihn im Moment interessiert. Wittert überall Prätention.

ADRIAN SCHIMMEL Mitstudent in Düsseldorf, heißt eigentlich Adrian Finck. Für Preusser ein »Schnösel«, weil er aus reichen Verhältnissen kommt. Wird der mächtigste Galerist Deutschlands werden. Verfolgt zunächst aber noch eigene künstlerische Ambitionen.

Kunstmuseum, Dresden, Tag

Titeleinblendung auf Bild: »Dresden 1937«

Kurt, ein kleiner Junge mit stahlgrauen Augen von vielleicht sechs Jahren, blickt auf die verzerrten Fratzen von Otto-Dix-Soldaten, die verdrehten Farben und Formen von Ernst Ludwig Kirchner, Erich Heckel, Karl Schmidt-Rottluff, die bizarre Welt von Paul Klee. Neben dem kleinen Kurt geht Tante Elisabeth, ein verführerisch schönes, blondes Mädchen von neunzehn Jahren. Um sie herum eine Gruppe von vielleicht zwei Dutzend Erwachsenen, die einem überzeugten, eloquenten Ausstellungsführer zuhören.

AUSSTELLUNGSFÜHRER (*bedauernd nickend*) Moderne Kunst. Ja, meine Damen und Herren. Bis zur Machtergreifung der Nationalsozialisten hat es in Deutschland eine solche »moderne« Kunst gegeben, das heißt also, wie es schon im Wesen dieses Wortes liegt, fast jedes Jahr eine andere.

Leichtes ironisches Lachen beim Publikum.

AUSSTELLUNGSFÜHRER Das nationalsozialistische Deutschland aber will wieder eine deutsche Kunst, und diese soll und wird wie alle schöpferischen Werte eines Volkes eine ewige sein. Entbehrt sie aber eines solchen Ewigkeitswertes für unser Volk, dann ist sie auch heute ohne höheren Wert.

Sie gehen weiter, vorbei an Bildern von zwanglosen Prostituierten, gelben Wasserköpfen, feixenden Kapitalisten, an afrikanisch anmutenden Skulpturen.

AUSSTELLUNGSFÜHRER Die deutsche Frau wird verhöhnt und mit Prostituierten gleichgesetzt.

Die Bilder scheinen dies zu belegen.

AUSSTELLUNGSFÜHRER Der Soldat wird als Mörder oder sinnloses Schlachtopfer dargestellt, dem Volk soll die tief eingewurzelte Achtung vor der soldatischen Tapferkeit so ausgetrieben werden.

Auch diese Botschaft scheint von den Bildern deutlich vermittelt zu werden. Sie gehen weiter.

AUSSTELLUNGSFÜHRER Und der Wahnsinn, die Geisteskrankheit wird zum Prinzip erhoben. Muss wirklich angenommen werden, dass gewissen Menschen das Auge die Dinge anders zeigt, als sie sind, dass es wirklich Männer gibt, die die heutigen Gestalten unseres Volkes nur als verkommene Kretins sehen, die grundsätzlich Wiesen blau, Himmel grün, Wolken schwefelgelb usw. empfinden, oder wie sie vielleicht sagen, »erleben«?
Die Ausdrucksstärke der Bilder, die Kurt betrachtet, scheint diese Theorie nahezulegen.
AUSSTELLUNGSFÜHRER Es gibt nur zwei Möglichkeiten: Entweder, diese sogenannten »Künstler« sehen die Dinge wirklich so und glauben daher an das, was sie darstellen, dann wäre nur zu untersuchen, ob ihre Augenfehler entweder durch einen Unfall oder durch Vererbung zustande gekommen sind. In einem Fall tief bedauerlich für diese Unglücklichen, im zweiten wichtig für das Reichsinnenministerium, das sich dann mit der Frage zu beschäftigen hätte, wenigstens eine weitere Vererbung derartiger grauenhafter Sehstörungen zu unterbinden. Oder aber sie glauben selbst nicht an die Wirklichkeit solcher Eindrücke, sondern sie bemühen sich aus anderen Gründen, die Nation mit diesem Humbug zu belästigen, dann fällt so ein Vergehen in das Gebiet der Strafrechtspflege.
Sie sind im nächsten Saal angekommen, bleiben vor einem Bild von Wassily Kandinsky stehen: farbige Striche, Bögen, Flecke mit unscharfen Farbrändern.
AUSSTELLUNGSFÜHRER Was hat das mit Kunst zu tun? Wodurch erhebt das die Seele? Was hat es mit Können zu tun? Denn Kunst kommt von »Können«.
Er wendet sich an den Jüngsten – Kurt.
AUSSTELLUNGSFÜHRER (*freundlich*) Ich glaube, das könntest du auch.
Der kleine Kurt zuckt schüchtern mit den Schultern.
AUSSTELLUNGSFÜHRER Doch, doch, das könntest du. Versuch's doch mal. Und wenn du fertig bist, frag deine Eltern, ob sie dir dafür eine Mark geben.
Die Zuhörer lachen.

AUSSTELLUNGSFÜHRER Weißt du, wie viel sie Herrn Wassily Kandinsky dafür gezahlt haben? 2000 Mark. Mehr als das Jahresgehalt eines deutschen Arbeiters. Was macht dein Papa?
KURT Grad hat er keine Arbeit.
AUSSTELLUNGSFÜHRER (*übergeht das*) 2000 Mark aus Steuergeldern der arbeitenden deutschen Bevölkerung.
Die Gruppe geht weiter. Kurt und Elisabeth schauen noch weiter auf das Kandinsky-Bild.
KURT (*zu Tante Elisabeth*) Vielleicht will ich doch kein Maler werden.
TANTE ELISABETH (*flüstert Kurt ins Ohr*) Nicht weitersagen, aber mir gefällt es.

Kunstmuseum Dresden, Straße davor, Tag

Im Hintergrund sehen wir auf dem Gebäude die Ankündigung: »Wanderausstellung Entartete Kunst. Eintritt frei.«

Die Straße, die Kurt und Elisabeth entlanggehen, ist geschmückt mit rosenumkränzten Führerbildern, Girlanden, Hakenkreuz-Fahnen und Bannern mit »Dresden grüßt den Führer«.
Zwei Männer mit Hüten blicken Elisabeth ganz offen lüstern nach.
KURT Hast du gesehen, wie die dich angeschaut haben, Tante Elisabeth?
Sie weiß genau um ihre Wirkung auf Männer.
TANTE ELISABETH Am Montag wird hier keiner für mich Augen haben. Da werden alle nur dem Führer zujubeln.
KURT Ich finde dich besser als Hitler.
Sie lächelt über ein Kompliment, das ihr so bestimmt noch keiner gemacht hat. Sie sind an der Bushaltestelle angekommen, und schon gleich kommt der Bus. Sie steigen ein. »Großschönau« steht als Endstation auf dem Schild.

Fahrender Bus, Straßen in Dresden, Tag

Der Busfahrer ist ein älterer Herr mit freundlichem Gesicht und starkem sächsischem Dialekt. Er stanzt die Busfahrkarten.
BUSFAHRER Sie haben mit Ihrem Neffen einen Ausflug gemacht, junges Fräulein? Und wann machen wir mal zusammen einen Ausflug?
Tante Elisabeth lächelt ihn freundlich an und geht auf ihren Platz. Der große Bus windet sich durch die Straßen der sächsischen Hauptstadt. Elisabeth und Kurt sitzen ganz hinten. Kurt blickt mit melancholischem Gesichtsausdruck aus dem Fenster auf die vorüberziehenden Gebäude.
KURT (*zeigt aus dem Fenster*) Da vorne, da war unsere Wohnung.
Tante Elisabeth nickt verständnisvoll, sieht den Jungen genau an.
TANTE ELISABETH Was fehlt dir denn am meisten an Dresden?
Kurt zuckt mit den Schultern.
TANTE ELISABETH Manchmal hilft es, das genau zu benennen.
Kurt wirkt plötzlich, als sei er den Tränen nah. Elisabeth schlägt einen anderen Ton an.
TANTE ELISABETH (*neckisch*) Ah, ich weiß, wer dir fehlt! Die Kleine mit den feuerroten Zöpfen. Wie heißt sie noch …?

Kurt errötet.
TANTE ELISABETH ... Johanna, oder? Deine »Verliebte«. Ja, die ist wirklich süß ...
KURT *(unterbricht gequält)* Nein, nein, nicht nur Johanna.
TANTE ELISABETH Wer denn noch?
Kurt wird wieder still, zuckt mit den Schultern.
KURT Die Schröders ... weißt du, das alte Ehepaar bei uns im Haus, die sich immer an den Händen halten ... wie kleine Kinder. Ich mag die. Und ihr Dackel, der Theo. Der ist immer zu mir gekommen, wenn ich ihn gerufen habe.
Plötzlich fallen Kurt zwei große Tränen aus den Augen.
TANTE ELISABETH Es sind doch nur 75 Kilometer von uns nach Dresden. Du kannst sie so oft besuchen, wie du willst. Der Bus fährt alle zwei Stunden. War das jetzt so schwer, hierherzukommen?
Sie zieht ihren Neffen an sich heran, streicht ihm über das Haar, blickt selbst aus dem Fenster, auch wehmütig.
Der Bus fährt in schönstem Sonnenschein über die Augustusbrücke; man sieht die goldenen Kuppeln und Zinnen der Barockstadt blitzen.
TANTE ELISABETH Aber du hast natürlich recht – Dresden ist einfach unschlagbar.
Totale: Der Bus fährt über die Augustusbrücke. Im Hintergrund sehen wir die barocken Kuppeln und goldenen Türme funkeln. Die Tante hat nicht übertrieben.

Fahrender Bus, Straßen in Dresden, Tag

Time Cut: Die Landschaft hinter den Busfenstern ist ländlicher geworden.
Der Bus windet sich durch die Lausitzer Landschaft.
Tante Elisabeth legt Kurts Kopf auf ihren Schoß, streicht ihm übers Haar.
TANTE ELISABETH Bist du nicht auch ein bisschen froh, dass ihr zu uns gezogen seid?
Kurt zuckt mit den Schultern. In diesem Moment ist er es vielleicht.
TANTE ELISABETH Du kannst ja wieder auf den Baum klettern, hin-

term Haus. Weißt du noch, wie wir dich letztes Jahr überall gesucht haben, und als wir gerade die Polizei rufen wollten, hast du Onkel Günther eine Eichel auf den Kopf geschmissen. Welcher Fünfjährige kann schon so klettern!
Sie kitzelt ihn ein bisschen. Er lacht.
TANTE ELISABETH (*leise*) Ich finde deinen Vater ganz stark, weißt du, dass er nicht beitritt. Eine Unterschrift, und er hätte seine Stelle als Lehrer behalten können, und die Wohnung.
KURT Er sagt, wenn ein Mann nicht bereit ist, für seine Überzeugung zu leiden, dann taugt entweder der Mann nichts oder die Überzeugung. Er findet es verbrecherisch, wie die Nazis –
TANTE ELISABETH (*unterbricht ihn, flüstert*) Ich weiß ... So sprichst du aber zu niemand anderem, oder?
Kurt schüttelt den Kopf.
KURT Mami sagt, sie wird ihn schon noch zum Beitritt bringen. Die Mitgliedschaft ist dann später sein Kapitol.
TANTE ELISABETH (*lacht*) Sein Kapital!
Sie blickt ihn liebevoll an. Sie hält ihn wie ein kleines Kind. Aber da er nicht mehr so ganz klein ist, liegt er fast wie ein Geliebter in ihren Armen. Ihre Brust ganz nah an seinem Gesicht und seinen Händen. Er blickt darauf. Sie merkt es. Er merkt, dass sie es merkt, und bewegt sich trotzdem nicht zurück.
TANTE ELISABETH Du würdest zu gerne einmal anfassen, oder?
Kurt verneint es nicht.
TANTE ELISABETH (*so sanft und leise, dass es keine echte Abfuhr ist*) Das darfst du aber nicht ...
Sie küsst ihn halb mütterlich kurz auf den Mund.

Zentraler Busbahnhof Großschönau, Abenddämmerung

Elisabeth dankt dem Fahrer. Sie steigen aus. Kleine Gebäude, leere Straßen. Man hat das klare Gefühl, tief in der Provinz zu sein. Auch der Busbahnhof der Gemeinde ist menschenleer. Der Fahrer fährt weiter auf den Rastplatz und parkt neben den anderen Bussen. Elisabeth nimmt den kleinen Kurt an die Hand und geht selbst zum Rastplatz. Hier stehen ein halbes Dutzend Busse in Bereitschaft. Hinter den Scheiben essen die Fahrer ihre mitgebrachten Butterbrote.

KURT Was ist, Tante Elisabeth? Hast du etwas vergessen?

Elisabeth lächelt geheimnisvoll, stellt sich zwischen die Busse, auf die Mitte des Platzes. Man kennt sie hier schon. Die Fahrer lächeln das schöne Mädchen an. Sie legt die Hände in einer bittenden Geste zusammen, die wartenden Busfahrer nicken sich zu. Einer beginnt, drückt auf die Hupe, dann ein Zweiter, bis bald alle gleichzeitig hupen. Der tiefe, volle Ton durchdringt alles. Elisabeth schließt die Augen, neigt den Kopf nach hinten, hebt die Arme wie im Gebet, wie in Ekstase, lässt die Erschütterung des tiefen Hornklangs durch sich wogen. Musikerlebnis der extremen Art. Der kleine Kurt ist vollkommen verwirrt. Nach ein paar Momenten hören sie auf zu hupen. Elisabeth erwacht aus ihrer Trance, berappelt sich, wirft den Fahrern eine Kusshand zu, nimmt Kurt wieder bei der Hand und zieht ab.

TANTE ELISABETH (*zu Kurt*) Ein Bild zu malen, das sich so anfühlt. Das ist es, was sie versuchen, diese entarteten Künstler …

Die Fahrer lächeln kopfschüttelnd (nicht zum ersten Mal, wie man merkt) und wenden sich wieder ihren Stullen und Zeitungen zu.

Straße in Dresden, Tag

Die Laternen und Fassaden sind mit Blumenkränzen geschmückt, mit Hakenkreuzen beflaggt und die Bürgersteige vollgepackt mit Menschen. An einer Straßenbeuge stehen vierzig Mädchen in BdM-Uniform stramm. Ein selbstbewusster junger SS-Mann geht die Reihen ab, sucht sich die gesündesten, blondesten, hübschesten aus, sortiert um.

SS-MANN Du nach vorne. Du nach vorne.

Die Mädchen leisten Folge. An den lauten Rufen und Schreien erkennt man, dass Hitlers Konvoi nicht mehr fern ist. Auf einmal sieht der SS-Mann Elisabeth – die ihm mit offenen, intelligenten Augen stolz entgegenblickt.

ss-mann Du, erste Reihe. Komm. Du wirst ihm den Strauß überreichen.

Er nimmt den Strauß einem anderen Mädchen aus der Hand und reicht ihn Elisabeth. Es geht wie in Trance. Plötzlich kommt der Konvoi um die Ecke gebogen, und da ist er, »der Führer«, Adolf Hitler. Bekannt von tausend Porträts, Fotos, Wochenschauen, Büsten, Medaillen, Münzen, Briefmarken, Gemälden (in kurzen Bildern dazwischengeschnitten). Der SS-Mann zieht sie nach vorn. Hitlers offener Wagen hält. »Der Führer« schaut Elisabeth mit seinen eisblauen Augen an, nimmt den Blumenstrauß entgegen, zieht sie an sich heran, küsst sie auf die Wange, reicht ihr einen Hakenkreuz-Wimpel, blickt ihr immerfort in die Augen, auch während der Konvoi weiterzieht, bis er nicht mehr zu sehen ist. Elisabeth wird von ihren aufgeregten Kameradinnen umzingelt und befragt.

Großschönau, Haus der Familie May, Nachmittag

Der kleine Kurt lässt sich mit dem Schlüssel selbst ins Haus. Ein großer dunkler Holzschrank sowie präparierte Gehörne zieren den engen Eingangsbereich. Klaviermusik aus dem Wohnzimmer erfüllt den Raum: »Schafe können sicher weiden« von Bach. Irgendwie ist Kurt unheimlich zumute. Er folgt der Musik. Als er in das Wohnzimmer kommt, sieht er, dass es Elisabeth ist, die am Klavier sitzt und spielt. Sie ist nackt. Sie dreht sich nicht um. Er senkt die Augen.

TANTE ELISABETH *(ohne sich umzuwenden)* Sieh nicht weg.
Er blickt wieder auf.
TANTE ELISABETH Nie wegsehen, Kurt. Dann wird dein Blick stark wie Stahl werden. Alles, was wahr ist, ist schön …
Sie spielt weiter. Versunken in die Melodie. Er kommt nah an sie heran, betrachtet die nackte Frau.
TANTE ELISABETH »Schafe können sicher weiden« heißt das Stück. Aber du darfst es dir nie anmerken lassen, wenn du ein Schaf bist. Sonst kannst du nie sicher weiden. Ganz sicher nicht.
Sie hört plötzlich auf zu spielen. Spielt nur noch einen Ton, eine Note, schlägt eine Taste immer und immer wieder an. Ihr Benehmen ist Kurt unheimlich.
TANTE ELISABETH Weißt du, dieser Ton, der macht alles gut. Dieser Ton. Darin steckt die ganze Kraft der Musik, des Lebens, des Universums. Menschen suchen nach der Weltenformel. Aber hier ist sie: das zweigestrichene A am Blüthner-Klavier der Mays in Waltersdorf. Uns kann nichts geschehen, weil wir diesen Ton haben.
Sie beginnt zu weinen über den Ton, zu lachen über den Ton.
TANTE ELISABETH Und jetzt, wo ich ihn kenne, kann ich ihn überall spielen.
Sie steht auf vom Klavier, blickt Kurt an.
TANTE ELISABETH Auf dem Tisch …
Sie nimmt den schweren Kristallaschenbecher und schlägt damit ein paar Mal auf die gläserne Platte des Sofatischs, bis ein bedrohlich lautes Scheppern den Raum erfüllt. Elisabeth ist zufrieden.

TANTE ELISABETH Sogar auf meinem Kopf –
Sie schlägt sich mit dem Aschenbecher selbst auf den Kopf, immer wieder, immer wieder, bis ihr das Blut aus den Haaren über das Gesicht rinnt.
KURT Tante Elisabeth, du blutest.
In dem Moment kommen Mutter und Großmutter (Waltraud und Malvine) durch die Haustür herein.
GROSSMUTTER MALVINE Elisabeth, um Gottes willen, was machst du da?
Sie strahlt die Großmutter an.
TANTE ELISABETH Ein Konzert für den Führer!

Großschönau, Arztpraxis, Besprechungszimmer, später Nachmittag

Waltraud wirkt um Jahre gealtert. Malvine, Kurts Großmutter, ist zur Unterstützung mitgekommen.
Der Arzt, Dr. Michaelis, korrekt gekleidet mit Krawatte und Kittel, sitzt hinter dem Schreibtisch.
GROSSMUTTER MALVINE Jugendwahn – das klingt ja fast schon sympathisch.
Von draußen, aus dem Wartezimmer, klingt Elisabeths Stimme noch hysterischer.
TANTE ELISABETH *(off-screen, durch die Tür)* Leichte Schizophrenie, Jugendwahn! Ich kann alles hören!! Hahaha.
DR. MICHAELIS Ich glaube, es ist nichts, was eine kleine Auszeit nicht heilen könnte.
WALTRAUD Eine Auszeit in …
DR. MICHAELIS … einer Anstalt, ja.
Die beiden Frauen schauen sich an.
GROSSMUTTER MALVINE Wir würden es gerne noch einmal mit etwas Ruhe zu Hause versuchen. Sie hat sehr hart studiert fürs Abitur. Und ist gleich ohne Pause in die Bürolehre gegangen. Vielleicht ist sie einfach überanstrengt.

Elisabeth kommt doch noch einmal herein. Schlendert zu einem Tischchen, wo einige Fotos von Dr. Michaelis mit seiner Familie stehen.
TANTE ELISABETH (*sie ruft herüber*) Ist das Ihre Frau? Sie können sie nicht leiden, oder? Das sehe ich an der Art, wie Sie da neben ihr stehen.
Sie mimt seine Haltung erstaunlich präzise. Dr. Michaelis schaut erschrocken auf. Elisabeth merkt, dass sie ihn getroffen hat.
TANTE ELISABETH Sie können das ignorieren. Ich bin ja verrückt.
DR. MICHAELIS (*hart*) Warte bitte draußen, bis wir zu Ende gesprochen haben. Ich sage es nicht noch einmal.
Elisabeth schlendert nach draußen, betont lässig, als täte sie es ganz aus freien Stücken.
DR. MICHAELIS Da Schizophrenie eine erbliche Krankheit ist, bin ich verpflichtet zu fragen: Gibt es noch weitere Fälle von Geisteskrankheit in Ihrer Familie?
GROSSMUTTER MALVINE Um Gottes willen, nein!
DR. MICHAELIS Depressionen?

Großaufnahme: Ein Parteiabzeichen ist am Revers des Jacketts unter dem Arztkittel sichtbar.
WALTRAUD *(versucht zu lächeln)* Wir sind alle fröhlich.
Der Arzt mustert die beiden Frauen.
DR. MICHAELIS Wir Ärzte sind die Wächter am Ufer des Erbstromes. Ich muss den Fall dem Gesundheitsamt melden. Es kann sein, dass die Entscheidung über die Einlieferung nicht bei Ihnen liegt.
GROSSMUTTER MALVINE *(legt ihm die Hand auf den Arm)* Dr. Michaelis. Franz. Ich habe schon Ihre Eltern gekannt. Sogar die Großeltern. Bitte. Melden Sie es nicht.
Dr. Michaelis verharrt einen Moment. Dann zieht er seinen Arm zurück.
DR. MICHAELIS Weil Sie es sind, Frau May. Aber sagen Sie mir Bescheid, wenn sich ihr Zustand verschlechtert.
Malvine hat Angst, durch Dank noch irgendetwas zu verändern. Sie steht auf.
GROSSMUTTER MALVINE Auf Wiedersehen.
DR. MICHAELIS Heil Hitler.
GROSSMUTTER MALVINE Ja, natürlich. Heil Hitler.
WALTRAUD Heil Hitler.
Die Frauen gehen. Dr. Michaelis bleibt allein zurück. Er geht zu dem Bild seiner Frau. Schaut es an. Legt es flach auf den Tisch. Er greift nach dem Telefonhörer.
DR. MICHAELIS Verbinden Sie mich mit dem Gesundheitsamt.

Haus der Familie May, Tag

Morgengrauen. Blaue Stunde. Ein weißer Krankenwagen fährt vor. Zwei in Weiß gekleidete Sanitäter steigen aus. Kurt kommt im Schlafanzug angerannt, muss ansehen, wie Tante Elisabeth zum Wagen gezerrt wird. Ihre beiden Brüder, Günther und Ehrenfried, umarmen sie. Die Umarmung hat etwas von Festhaltenwollen. Waltraud steht neben ihrem Mann Johann. Als der Vater den kleinen Kurt sieht, versucht er, ihn wieder hineinzuschicken, doch Kurt ignoriert ihn. Elisabeth wehrt sich – beißt die

Sanitäter, kratzt, kämpft, wird festgehalten, bekommt eine Scopalamin-Injektion.
Kurts Subjektive: Er hebt die Hand, senkt sie wieder, verlagert die Schärfe. Das Bild wird unscharf, wie um den scharfen Schmerz zu lindern.
Die Mutter hält dem kleinen Kurt die Augen zu. Er schiebt die Hand wieder hinunter, will alles sehen. Sie verdeckt ihm die Augen erneut. Er schiebt sie wieder hinunter, tritt wie automatisch einen Schritt zur Seite. Elisabeth ist ruhiger geworden, weint nur noch still für sich, blickt den kleinen Kurt aus dem Fenster des Krankenwagens an, winkt ihm zu. Er winkt zurück. Sie versucht, ihm etwas mitzuteilen.
Nahaufnahme: Elisabeths Mund hinter der Scheibe, der die Worte formt: »Nie wegsehen!«
Der Wagen entschwindet. Alle stehen dort wie gelähmt: Großmutter Malvine mit Vater Johann, Mutter Waltraud und ihre beiden Brüder. Onkel Günther legt Kurt die Hand auf den Kopf.
GÜNTHER (*immer positiv*) Sie kommt ja bald zurück.
  Aber irgendwie glaubt es keiner.

Berlin, Kanzlei des Führers, Sitzungssaal, Tag

Titeleinblendung auf Bild: »Berlin 1940«

Ein hoher, länglicher Raum, in funktionalem, grauem NS-Bombasto-Klassizismus gestaltet. An einem langen Konferenztisch sitzen zwanzig Männer im Alter von fünfzig bis sechzig Jahren in SS-Uniformen, die man sonst mehr an jüngeren Männern kennt. Überhaupt ist dies keine typische SS-Gruppe. Diese Männer wirken intelligenter, akkurater, gepflegter, verwöhnter. Es präsidiert der Psychiater Dr. Burghard Kroll, gut aussehend, mit einem unzufriedenen Zug um die Lippen, leicht effeminiert. Er hat die stille Art jener Männer, die es gewöhnt sind, dass Ruhe herrscht, wenn sie sprechen.

KROLL Ich möchte Sie beglückwünschen, meine verehrten Kollegen: Das schwächste Prozent des deutschen Volkes ist seit Einführung des Gesetzes unfruchtbar gemacht worden. Vierzigtausend. Eine stolze Zahl. Ein Beitrag zur Aufartung, den ihnen künftige Generationen danken werden. Ich habe jetzt die Hoffnung, dass wir eines Tages in einer Welt leben werden, in der die Straßen gänzlich frei sind von Mongoloiden, Geisteskranken und anderen Missgeburten.

Diese Vision scheint seinen Zuhörern zuzusagen.

KROLL Doch ist es an der Zeit, in den nächsten Gang zu schalten. Auch aufgrund der englischen Luftangriffe haben wir einen erhöhten Bedarf an Ausweichkrankenhäusern. Wir können nicht zulassen, dass man einem verwundeten deutschen Soldaten einen Krankenhausplatz verwehrt, weil er zur Hege und Pflege unwerten Lebens verwendet wird.

Er pausiert, blickt im Raum umher. Allgemeine Zustimmung schlägt ihm entgegen. Sein Blick bleibt etwas zu lange auf Carl Seeband haften, einem schlanken Mann von Mitte vierzig, der den Blick mit stechenden blauen Augen erwidert. Seeband sitzt gerader da als alle anderen, sein Anzug sitzt besser als die der anderen, seine Frisur sitzt besser – er strahlt Ordnung und Kontrolle aus wie niemand sonst im Saal. Liest man in Krolls Ausdruck so etwas wie Attraktion?

SEEBAND (*feierlich und pragmatisch zugleich*) Wie können wir helfen? Was können wir tun?
KROLL Ich danke dir für diese Frage, Carl.
Er holt eine »Krankenakte« hervor.
KROLL Meine Herren, Sie sind fortan nicht mehr nur Ärzte und SS-Männer. Sie werden Gutachter des neuen »Erbgesundheitsgerichtes«. Was bedeutet das? Nun, ein Patient, den Sie unfruchtbar gemacht haben und dessen Aktendeckel Sie mit einem blauen Minus-Zeichen versehen …
Großaufnahme: Ein Stift zeichnet ein blaues »–«
KROLL … verbleibt in der Anstalt. Wenn wir aber ein rotes Pluszeichen vorfinden, verstehen wir, dass es sich um unwertes Leben handelt, und der Patient wird in eine von drei eigens dafür festgelegten Anstalten im östlichsten Teil des Reiches verlegt – und dort von seinem sinnlosen Dasein erlöst. Ihr Stift – Ihr Schwert.

Frauenklinik Dresden, Gänge, Tag

Tante Elisabeth, drei Jahre älter, ruhiger, wird von einem Pfleger durch die weißen Gänge der Klinik geführt. Vor einer imposanten Tür (auf der mit großen Lettern zu lesen steht: »Direktor Professor Dr. Carl Seeband«) wartet eine Krankenschwester mit einer Krankenakte. Als sie die beiden kommen sieht, drückt sie auf einen Knopf neben der Tür.

Frauenklinik Dresden, Ordination Seeband

Professor Seeband sitzt an seinem Schreibtisch auf der der Tür gegenüberliegenden Seite des großen Büros. Er heftet das letzte lose Blatt auf dem ohnehin perfekt sortierten Schreibtisch in einem Ordner ab. Er trägt einen blütenweißen offenen Arztkittel über seinem Anzug, an dessen Revers ein SS-Abzeichen sichtbar ist. Die Krawatte sitzt wie gemalt. Es leuchtet eine kleine Lampe am Tisch auf. Auch Seeband drückt einen Knopf. Die Bewe-

gung wirkt wie einstudiert, perfekt kontrolliert, mechanisch fast, aber nicht ohne Grazie.
Die Tür geht auf. Die Krankenschwester kommt herein, legt Seeband die Krankenakte auf den Tisch.
KRANKENSCHWESTER *(flüstert)* Untersuchung und Vorgespräch Elisabeth May. 23 Jahre. Seit 3 Jahren in der Psychiatrie. Diagnose Nummer 14. Sterilisationstermin heute 15:45 Uhr.
Seeband nimmt die Akte zur Hand, winkt der Krankenschwester, dass sie gehen kann.
KRANKENSCHWESTER *(zu Elisabeth)* Du kannst hereinkommen. Anrede: Herr Professor.
Der Pfleger wartet draußen. Elisabeth geht zögerlich ein paar Schritte in den Raum hinein. Die Tür wird hinter ihr geschlossen. Sie ist in dem großen Zimmer mit dem Professor allein. Seeband studiert die Akte, zeigt ohne aufzublicken auf einen Stuhl auf der anderen Seite des Schreibtischs.
SEEBAND Du kannst dort sitzen.
Sie läuft hinüber und leistet Folge. Es verstreichen ein paar Momente.
TANTE ELISABETH Guten Tag.
SEEBAND Heil Hitler.
TANTE ELISABETH Wieso ich? Sie sind doch der Arzt.
Sie kichert ein bisschen über ihren eigenen Witz. Seeband blickt kurz auf, ohne eine Miene zu verziehen.
TANTE ELISABETH *(versöhnlich, kindlich)* Heil Hitler ... Entschuldigen Sie, ich muss immer sagen, was mir durch den Kopf geht. Das ist mein Problem.
SEEBAND Ist das dein einziges Problem?
TANTE ELISABETH Das müssen Sie beantworten.
Seeband macht sich Notizen. Elisabeth zeigt auf ein gerahmtes Kinder-Aquarell an der Wand: eine Landschaft mit Regenbogen.
TANTE ELISABETH Ist das von Ihrer ... Tochter?
Es ist Seeband nicht angenehm, dass hier die Rede auf seine Familie kommt.
SEEBAND Warum glaubst du, dass du hier bist?

TANTE ELISABETH Weil ich manchmal nicht ganz richtig denke.
Seeband notiert die Antwort.
SEEBAND Weißt du, was das für eine Klinik ist, die ich hier leite?
Elisabeth schüttelt den Kopf.
SEEBAND Eine Frauenklinik.
Das scheint sie nicht besonders zu beeindrucken. Elisabeth blickt weiter auf das Aquarell.
TANTE ELISABETH Ein liebes Mädchen, Ihre Tochter. Das kann ich aus dem Bild sehen. Nicht so richtig viel künstlerische Begabung. Darüber sind Sie ja vielleicht eher froh? Aber viel Herz. Ich habe einen Neffen in dem Alter. Der ist leider sehr begabt. Ich bin mit ihm manchmal in Ausstellungen gegangen, um ihn zu fördern.
SEEBAND Gut, dann leg dich doch bitte im Nebenraum auf den Untersuchungsstuhl. Deine Kleidung kannst du –
Hinter der Tür hört man lautes Rufen …
MANN (*off-screen, durch die Tür*) Ich will den Professor sprechen!
… und die Stimmen der Krankenschwestern, die versuchen, den Mann zu beruhigen. Seeband steht auf.

SEEBAND Entschuldige mich einen Moment.
Er geht zur Tür, und als er sie aufmacht, blickt ihm ein Mann von circa fünfzig Jahren mit einem Hass in den Augen entgegen, der sogar Seeband erstaunt.
MANN Na, da ist er ja.
SEEBAND Herr Lohse-Wächtler.
Seeband macht die Tür hinter sich zu.
Elisabeth kann nichts mehr hören. Kurzentschlossen zieht sie ihre Akte, die Seeband gerade noch studiert und vervollständigt hat, zu sich heran.
Einzelne Worte springen ihr ins Auge:
Nah: »*Diagnose 14: Schizophrener Formenkreis*«, »… *ist unfruchtbar zu machen*«, »*Sterilisationstermin 15:45 Uhr*«.
Elisabeth schließt die Akte und schiebt sie wieder an ihren Platz, in Panik.
Seeband kommt durch die Tür zurück ins Zimmer. Bevor er sie schließt, sieht man, wie hinter ihm Herr Lohse-Wächtler von zwei Pflegern abgeführt wird.
Als er sich setzt, erkennt Seeband, dass die Akte anders liegt. Er blickt Elisabeth streng in die Augen.
SEEBAND Es wäre besser gewesen, du hättest das nicht gesehen.
TANTE ELISABETH Ich bin gesunder Abstammung. Ich weiß, dass ich gesund bin.
SEEBAND (*zeigt auf die Akte*) Drei Gutachter sehen das anders.
Elisabeth springt auf.
TANTE ELISABETH Nein! Nein!!
SEEBAND (*streng, hart*) Setz dich wieder hin.
Er sagt es mit solcher Autorität, dass sie gehorcht. Er drückt auf den Knopf neben der Lampe.
Im gleichen Moment kommt der Pfleger herein und geht auf Elisabeth zu, die auf ihrem Stuhl sitzt.
SEEBAND Du gehst jetzt in das Untersuchungszimmer und nachher in den OP, und du wirst dort kooperieren. Sonst lassen wir dich festschnallen, und es wird alles schwieriger und schmerzhafter.
Elisabeth blickt nach allen Seiten, ringt mit den Händen, erhebt sich

plötzlich wieder vom Stuhl und rennt an Seeband vorbei in die ferne Ecke des Zimmers, so weit weg wie nur möglich, drückt sich mit dem Rücken gegen die Wand.
TANTE ELISABETH (*flehend, schmeichelnd, panisch*) Bitte ... Herr Seeband ... Herr Professor ... Bitte ... Bitte!!
Der Pfleger versucht sie zu fassen zu bekommen, aber es ist gar nicht so leicht, sie aus der Ecke zu ziehen.
TANTE ELISABETH (*immer hysterischer*) Bitte ... für den Führer ... Ich werde Kinder gebären, gesunde, arische Kinder, bitte, bitte, bitte. Herr Professor. Ich werde sie dem Führer schenken, wie wir es sollen. Und meine Kinder werden ihre Kinder auch wieder dem Führer schenken. Für den Krieg. Ihr braucht doch Soldaten. Wer soll denn sonst kämpfen ... Wer soll denn sonst kämpfen ... Ich bin doch nur manchmal verwirrt ... Nur ganz selten ... Bitte nehmen Sie mir nicht meine Kinder.
Sie ist ganz schwach geworden, lässt sich ohne Widerstand vom Pfleger auf die Beine ziehen, ein paar Meter Richtung Tür. Da plötzlich reißt sie sich los und springt auf Seeband zu, umklammert seine Beine wie die Sünderin auf einem biblischen Gemälde.
TANTE ELISABETH (*schrill, in extremer Verzweiflung*) Sie sind doch auch ein Vater ... Bitte, für Ihre Tochter ... die auch malt ... Sie könnte meine Schwester sein ... Ich könnte Ihre Tochter sein ... Papa! ... (*sie betont die zweite Silbe*) Papa!!
Seeband ist entsetzt und angeekelt, will aber selbst nicht handgreiflich werden. Der Pfleger kämpft, sie loszureißen, muss mehrmals nachfassen. Nahaufnahme: Eine Träne fällt auf Seebands glattpolierten Schuh, zerplatzt dort.
Der Pfleger zerrt Elisabeth zur Tür. Sie blickt nur immer zu Seeband, streckt ihre Arme nach ihm aus. Die Tränen fließen ihr in Strömen die Wangen hinunter. Die Tür geht zu. Einen Moment hört man Elisabeth noch, dann ist wieder Ruhe. Seeband drückt den Knopf für die Interkom-Anlage.
SEEBAND Andrea. Ich werde die Operation an Fräulein May nicht selber vornehmen. Teilen Sie Blockmann ein.

ANDREA (*voice-over, Interkom*) Der ist heute im Kreißsaal disponiert.
SEEBAND (*ungehalten*) Dann disponieren Sie um!
Er schaltet die Anlage aus. Er sieht den feuchten Tränenfleck auf seinem Schuh, nimmt ein Taschentuch zur Hand, wischt ihn ab. Will das Taschentuch wieder einstecken, doch es ekelt ihn. Er wirft es in den Abfalleimer. Nimmt sich die Akte von Elisabeth vor. Nach einem kleinen Moment des Zögerns greift er zum Stift und zeichnet in das dafür vorgesehene Kästchen ein rotes Kreuz.

Nervenheilanstalt Arnsdorf, Tag

Titeleinblendung auf Bild: »1941«

Die Familie May/Barnert steigt aus einem Bus auf einer staubigen Dorfstraße. Sie alle haben sich nach Kräften herausgeputzt: Ehrenfried und Günther in ihren Wehrmachtsuniformen, der inzwischen neunjährige Kurt in seiner HJ-Uniform mit Armbinde, Johann in seinem besten Anzug, Malvine und Waltraud in ihren Sonntagskleidern.
GROSSMUTTER MALVINE Schick seht ihr aus in euren Uniformen. Das wird Elisabeth Freude machen.
Die Familie nähert sich dem Sanatorium. Waltraud bemerkt etwas, wendet sich an ihren Mann.
WALTRAUD (*streng*) Johann ...
Er dreht sich schuldbewusst zu ihr um. Sie blickt ihn fordernd an. Er greift in die Tasche und hält ihr etwas hin: das Parteiabzeichen. Sie steckt es ihm ans Revers, wie einem Kind.
JOHANN (*traurig, einsichtig*) Ich weiß, nach dem Krieg ist das mein Kapital.
WALTRAUD Und vergiss nicht den Gruß. Heil Hitler.
Johann nickt einsichtig. Die Gruppe geht die breite Freitreppe zu der Anstalt hinauf.
EHRENFRIED (*flüsternd, zu Johann*) Wenn du es partout nicht über die Lippen bekommst, dann tut es auch ein schnell gesprochenes »Drei Liter«. Merkt keine Sau.

WALTRAUD *(zu Kurt)* Und nichts davon, dass du immerfort malst. Und schon gar nichts von den Nackten …
Sie hebt monierend den Zeigefinger. Kurt ist verschämt.
WALTRAUD *(zu Günther)* Und nichts davon, dass du gerne Heine liest. Wir haben keine Hobbys und mögen und kennen keine Kunst, außer Richard Wagner.
Sie sagt es so ernst, dass plötzlich alle lachen müssen, auch Großmutter Malvine, auch Waltraud selbst.

Nervenheilanstalt Arnsdorf, Empfangsraum

Der große Eingangsraum zum Sanatorium. An einem Ende steht eine Gruppe von vielleicht zehn Schwestern in Kitteln zusammen. Ein Fotograf baut ein Stativ vor ihnen auf. Kurt schaut interessiert zu.
Zwei Schwestern stehen am Empfang, die eine verlässt den Schalter und gesellt sich zu der Gruppe. Die andere wendet sich gleich an den Ältesten, an Johann.

KRANKENSCHWESTER Heil Hitler.
Johann fasst sich ein Herz.
JOHANN Drei Liter!
Ehrenfried unterdrückt ein Grinsen. Nur er hört, was gesagt wurde.
JOHANN Wir sind für einen Besuch angekündigt bei May, Elisabeth. Ich bin Johann Barnert, der Schwager. Das sind ihre Brüder, Ehrenfried und Günther May. Ihre Schwester Waltraud. Ihre Mutter Malvine.
Die Krankenschwester schlägt nach.
KRANKENSCHWESTER Fräulein Elisabeth May wurde letzte Woche verlegt.
WALTRAUD Verlegt? Das kann nicht sein.
KRANKENSCHWESTER Befehl der Zentraldienststelle.
WALTRAUD Aber wohin?
Eine andere Krankenschwester tritt an den Empfangsschalter.
KRANKENSCHWESTER 2 *(zu Krankenschwester 1)* Käthe, wir wären jetzt so weit.
Sie deutet auf eine Gruppe von Krankenschwestern in der Haupthalle, die sich dort offenbar zu einem Gruppenbild versammelt haben. Krankenschwester 1 nickt, dass sie gleich kommt. Krankenschwester 2 geht zu den anderen zurück.
WALTRAUD *(wiederholt)* Wohin ist sie verlegt worden?
KRANKENSCHWESTER *(blickt in die Unterlagen)* Krankenhaus Großschweidnitz.
GROSSMUTTER MALVINE Großschweidnitz? Das ist zwei Tagesreisen entfernt! Wie sollen wir sie da besuchen? Wir müssen arbeiten. Die Buben haben nur jetzt Fronturlaub.
Die Krankenschwester kann ihnen auch nicht weiterhelfen. Sie winkt Krankenschwester 2 kaum merklich lächelnd zu (»Ich komme ja gleich, habe hier noch kurz zu tun«), als die ihr aus der Gruppe dramatisch signalisiert, dass sie jetzt endlich für das Foto kommen solle. Der kleine Kurt schaut ihnen weiter zu.
KRANKENSCHWESTER Mehr kann ich Ihnen auch nicht sagen. Ich muss jetzt gehen. Heil Hitler.

Keiner aus der Familie antwortet. Die Großmutter beginnt zu weinen. Kurt stellt das Bild der lächelnden Krankenschwestern unscharf ...

Russland, Straße vor Stawropol, Tag

Titeleinblendung auf Bild: »Russland 1943«

Tiefer Winter. Onkel Günther und Onkel Ehrenfried an der Ostfront. Sie marschieren mit ihrer Kompanie von vierzig Mann in eine russische Kleinstadt ein.
OFFIZIER Zweiergruppen ausschwärmen, aufklären. Treffpunkt hier in dreißig Minuten.
Günther und Ehrenfried gehen durch die Stadt, werden ängstlich und ehrfurchtsvoll von der Zivilbevölkerung beäugt. Ein kleiner russischer Junge mit einem Fotoapparat zupft an Günthers Ärmel, auf den Apparat zeigend, den er ihm verkaufen will.
RUSSISCHER JUNGE Einen Mark. Einen Mark.
Günther lacht.
GÜNTHER Ich kann keinen Apparat bis Moskau schleppen. Aber mach du ein Foto.
Der Junge versteht nicht.
GÜNTHER Du – knipsknips – schicken nach Deutschland? Ich dir geben eine Mark. Du behalten Apparat.
Der Junge versteht jetzt. Günther gibt ihm einen Feldpostumschlag mit Briefmarke und Adresse, die der Junge staunend betrachtet. Der Junge bedeutet ihm, er solle sich vor einer nahestehenden Mauer aufstellen. Ein trostloseres Motiv könnte man sich nicht ausdenken. Aber Günther leistet Folge.
EHRENFRIED *(ironisch)* »Liebste Mami, die Pracht, die wir hier erleben, wollten wir mit dir teilen.«
JUNGE Ulybatsa.
Er veranschaulicht ihm, dass Günther lächeln soll. Da muss er tatsächlich lächeln. Der Junge stellt das Foto scharf, was ihm aber nicht ganz

gelingt, drückt auf den Auslöser. Günther reicht ihm das Geld, streichelt ihm über den Kopf, was den Jungen verwundert.

EHRENFRIED *(zynisch)* Wie hoch, glaubst du, ist die Wahrscheinlichkeit, dass es das Foto bis nach Hause schafft?
GÜNTHER Deutlich höher, als dass wir es bis nach Moskau schaffen.
EHRENFRIED *(ängstlich)* Psscht! Wenn du so redest, schaffen wir es nicht weiter als bis an diese Mauer ...

Montage:

Haus der Familie May, Nacht

Titeleinblendung auf Bild: »13. Februar 1945«

Kurt, gerade dreizehn Jahre alt, wird in der Nacht von einem bedrohlichen Dröhnen geweckt. Er richtet sich auf und beobachtet durch das Fenster ein

Geschwader amerikanischer und englischer Kampfflugzeuge den Himmel durchziehen. Sie wirken zum Anfassen nahe. Immer mehr und mehr. Er eilt aus dem Zimmer.

Haus der Familie May, weiter

Kurt rennt hinter das Haus, auf eine kleine Anhöhe, und beobachtet das dunkle Geschwader.
Plötzlich bewegt sich etwas vom Himmel herunter. Stanniolstreifen – Tausende – Hunderttausende – regnen wie glitzernde Luftschlangen herab. Die Großmutter kommt heraus und stellt sich neben ihn. Er hebt einige Streifen auf, hält sie ihr hin.
MALVINE Stanniolstreifen. Davon habe ich gelesen. Sie sollen Radio und Funk stören.
Einige Momente später erglüht die Stadt in der Entfernung in Feuersbrunst, zeitversetzt hören wir dumpfe Explosionen.

Dazwischengeschnitten:

Fahrender Bus, Straßen in Dresden, Nacht

Der Busfahrer, der damals auch Elisabeth und Kurt gefahren hat, sitzt wieder hinterm Steuer. Er fährt durch einen Torbogen, als der von einer Bombe getroffen wird. Der schwere Bogen bricht über dem Gefährt zusammen, in einem kurzen Augenblick werden Fahrer und alle Passagiere zerquetscht.

Dresden, Wohnhaus, Keller, Nacht

Ein altes Ehepaar, das sich an den Händen hält, wird auf dem Weg zum Luftschutzkeller von Steinen erschlagen und verschüttet.

Dresden, Wohnhaus, Kinderzimmer, Nacht

Eine Mutter rennt ins Kinderzimmer, als sie das Dröhnen hört.
MUTTER Johanna! Johanna!!
Noch bevor sie das Bett erreicht, in dem ihre zwölfjährige Tochter schläft, schlägt die Feuerbombe ein. Das Zimmer wird auseinandergerissen, die Mutter von Bombensplittern sofort getötet.
JOHANNA *(leise, unter Schock)* Mami! Mamma!!
Das kleine Mädchen brennt, steht auf, beginnt zur Mutter zu rennen, bricht brennend zusammen.

Dresden, Straße, Nacht

Die Straße schwarz von Ruß und Staub, wie wir es von den Aufnahmen von Ground Zero kennen. Sirenen. Schreie, Husten, Weinen, Dröhnen. Immer wieder Explosionen. Die Kamera bleibt tief: Beine rennen vorbei. Ein Dackel liegt zuckend auf dem Trottoir, es fehlt der Unterleib.

Haus der Familie May, Nacht

Aufsichtig dazwischengeschnitten: der junge Kurt, der nur die Bomber und die fernen Flammen sehen kann, der aber ahnt, was da geschieht. Die Mutter ist auch dazugekommen. Auf den Gesichtern flackert der Widerschein der fernen Flammen. Die Mutter hält dem kleinen Kurt die Augen zu. Er schiebt die Hand wieder hinunter. Sie versucht es nicht noch einmal. Es kommen immer mehr Flugzeuge und mehr.
Kurts Subjektive: Er stellt das Bild der Bomber unscharf.

Ostfront, Lagerhalle Witebsk, zur gleichen Zeit

Ehrenfried und Günther liegen, mit Frost auf ihren inzwischen bärtigen Gesichtern, nahe beieinander, zwischen anderen deutschen Soldaten in Feldschlafsäcken in einer eiskalten Lagerhalle, russische Schriftzeichen auf großen Schildern um sie herum. Plötzlich schlägt ins Dach eine Granate ein. Die Soldaten springen auf. Es schlägt noch eine Granate ein. Ehrenfried wird von einem Splitter am Hals getroffen, an der Schlagader. Günther ist mit einem Satz bei ihm, versucht den Blutstrom zu stillen. Ehrenfried will noch etwas sagen, kann aber kein Wort mehr hervorbringen. Er stirbt in den Armen seines Bruders. Günther, voller Wut und Verzweiflung, nimmt wildentschlossen sein Gewehr, rennt, stellt sich mit dem Rücken an die Wand, bereit hinauszurennen. Doch plötzlich schießt eine Maschinengewehrsalve durch die dünne Wand der Halle. Die Lichtstrahlen zeigen malerisch, wo die Wand durchschossen wurde. Da plötzlich sieht man am Blut an vier Stellen auf seiner Uniform, dass auch Günthers Körper durchlöchert wurde. Er sackt an der Wand zusammen, tot.

Klinikum Großschweidnitz, Gänge, zur gleichen Zeit

In Großschweidnitz wird eine Gruppe von zwanzig Psychiatrie-Patientinnen, bekleidet nur mit Unterwäsche, durch die Gänge des Hospitals geführt, über den Hof. Auch einige Patientinnen mit Down-Syndrom sind dabei. Eine von ihnen küsst immerzu die Wände. Eine andere greift vertrauensvoll nach der Hand des Aufsehers, lässt sich von ihm führen. Unter ihnen ist Tante Elisabeth, ganz dünn inzwischen, mit von Unglück und Mangelernährung ausgehöhlten Augen, eine Kindermumie. Auch sie lässt sich steuern, ohne zu klagen, doch beobachtet sie alles weiterhin ganz genau. Sie sind am Ziel angekommen. Die Gruppe wird in den »Duschraum« geführt.

Klinikum Großschweidnitz, Duschraum

In dem weiß gefliesten Raum stellen sich die Patientinnen gehorsam jeweils unter einen Duschkopf. Sie blicken verwirrt nach oben, weil sich nichts tut, als sie an den Knäufen drehen. Es sind Attrappen. Plötzlich fällt auf, dass nur noch die Kranken in dem Raum sind. Die Tür wird verriegelt. Kohlenstoffmonoxid strömt langsam aus den Löchern in den Rohren, die auf Kniehöhe durch den ganzen Raum verlaufen. Einige verstehen gar nichts. Manche beginnen zu schreien, andere zu weinen. Elisabeth steht ganz ruhig da und blickt auf das Spektakel um sie herum. Ein paar Geistesgegenwärtige unter den Kranken rennen zum Ausgang und klopfen gegen die Luke, versuchen an der Tür zu rütteln. Doch die ist so dicht versiegelt, dass sie sich keinen Millimeter bewegen lässt.

Klinikum Großschweidnitz, Vorraum

Auf der anderen Seite der Tür steht die medizinische Mannschaft, ernst, angespannt.
ARZT *(zur Beruhigung)* Es ist auch für sie eine Erlösung.
Es wird langsam ruhiger im Duschraum. Das Klopfen an die Tür wird schwächer, verstummt schließlich ganz. Da erscheint noch einmal in dem Lukenfenster das Gesicht der jungen Frau mit Down-Syndrom: Als sie ihre Betreuer sieht, lächelt sie ihnen freudig entgegen, küsst die Scheibe, schaut auf einmal schmerzverzerrt, dann erstaunt, dann ganz traurig. Und schließlich sackt auch sie in sich zusammen. Es ist Ruhe.

Klinikum Großschweidnitz, vierzig Minuten später

Der Raum wird mit einem Schlauch ausgespült, die Leichen werden gereinigt. Dann herausgeschafft. Elisabeth liegt dort mit weit offenen Augen,

als schaute sie auch im Tod noch ihren Mördern zu. Dem SS-Mann ist das offensichtlich unheimlich.
SS-MANN Mach du diese Seite.

Ostfront, Lagerhalle Witebsk, zur gleichen Zeit

Kamera tief: Hektische Soldaten rennen an den Leichen der beiden Brüder vorbei, ihr Tod Teil der Normalität.

Haus der Familie May, zur gleichen Zeit

Kurt starrt immer noch. Die Kampfflieger sind jetzt auf dem Rückzug. Der Feuerkreis hat sich ausgeweitet. Die Stadt brennt in der Entfernung wie in der Höllenvision Hieronymus Boschs.

Montage endet.

Haus der Familie May, Tag

Titeleinblendung auf Bild: »8. Mai 1945«

Kurt, dreizehn Jahre alt, nicht Kind und nicht Mann, blickt mit seinen stahlgrauen Augen durch einen Spalt zwischen den zugezogenen Vorhängen aus dem Fenster des Wohnzimmers. Waltraud und Malvine sitzen am Tisch und hören Volksempfänger. Neben ihnen drei andere Frauen. Der Propagandasender macht Panik vor den Russen.
REICHSSENDER BERLIN Volksgenossen. Die bolschewistischen Horden sind im Anmarsch. Sie befinden sich bereits vor Dresden. Sie kennen keine Gnade. Sie plündern, vergewaltigen, morden. Ihr habt in der Wochenschau die Bilder der geschändeten Frauen und Kinder in Ostpreußen gesehen. Verriegelt die Türen, bewaffnet euch. Und leistet – wie unsere heroischen Truppen – Widerstand.

Plötzlich sieht Kurt zwei russische Soldaten, die sich dem Haus nähern. Er sieht sie wechselnd scharf und unscharf.
KURT (*unheimlich ruhig*) Sie sind da.
WALTRAUD Nein! Nein!! (*panisch flüsternd*) Hast du die Tür verriegelt?
Die Tür ist verriegelt, mit einem Stuhl unter dem Knauf verkeilt, und es steht alles davor, was nur beweglich ist – Kommoden, Sessel, sogar ein Schrank und der Esstisch. Darauf alles, was irgendwie Gewicht hat. Die Soldaten kommen tatsächlich auf den Hauseingang zu. Alle stellen sich stumm. Wir sehen von innen, wie der Türknauf gedreht wird, hin und her. Wir hören dumpf die gutturalen russischen Stimmen der beiden Soldaten, die ums Haus herumgehen. Die Vorhänge sind zugezogen. Plötzlich durchschlägt ein Gewehrkolben die Fensterscheibe, der Vorhang wird mit einem harten Ruck heruntergezogen, und Kurt und die Frauen stehen Auge in Auge einem russischen Serschanten von etwa vierzig Jahren gegenüber. Er sieht zornig aus, schmutzig und erschöpft. Er richtet die Waffe auf die Gruppe.
SERSCHANT Stoite. Halt. Bleiben stehen dort.
GROSSMUTTER MALVINE (*ruhig, zu den anderen Frauen*) Bewegt euch nicht. Wir wollen ihn nicht erzürnen.
Mit großer Behändigkeit springt der Serschant auf das Fensterbrett und kommt herein. Seine Uniform ist zerfetzt und zerlumpt.
SERSCHANT (*zu Kurt, auf die Tür zeigend*) Otkroi dwer.
Es ist klar, was er meint. Kurt zögert.
GROSSMUTTER MALVINE Tu es, Kurt.
Kurt geht zu dem Schrank, der ganz vorn, direkt vor der Tür steht, und stemmt sich dagegen. Doch ist er zu klein und zu schwach. Der Serschant lacht, tritt hinzu und schubst den Schrank mit einem starken Ruck um. Er zerbricht. Die Tür ist frei. Er winkt Kurt zu, er solle sie öffnen. Kurt dreht den Schlüssel im Schloss.
SERSCHANT Otkroi!
Kurt öffnet die Tür. Dahinter steht ein Gefreiter von vielleicht achtzehn Jahren, nur wenig größer als Kurt. Ein Blickwechsel. Der Serschant winkt ihn herein, bedeutet Kurt, dass er gehen soll.
SERSCHANT Won! (*Hau ab!*)

Kurt wirft einen letzten Blick auf die Frauen. Waltraud nickt ihm zu. Er geht. Der Serschant schließt hinter ihm ab, geht dann zu der Gruppe Frauen und mustert sie.
SERSCHANT *(auf Russisch, deutsche Untertitel)* Wähl dir eine.
Der junge Gefreite wagt es kaum aufzuschauen. Nach einigen verstohlenen Blicken hebt er schließlich den Arm ein wenig und deutet auf Waltraud. Der Serschant richtet seine Waffe auf Waltraud.
SERSCHANT Frau! Kommen mit! *(sich streng zu den anderen Frauen wendend)* Halt. Bleiben stehen dort! Bleiben stehen!
Die anderen Frauen nicken. Der Serschant führt Waltraud die Treppe hinauf. Der junge Gefreite folgt. Er führt sie durch die erste Schlafzimmertür. Es ist Elisabeths Zimmer.

Haus der Familie May, Tante Elisabeths Zimmer, Tag

Der Serschant stellt sich neben das Bett, die Waffe weiter auf Waltraud gerichtet.
SERSCHANT *(auf Russisch, mit Ironie, zum jungen Gefreiten – untertitelt)* Mit Kleidern wird's etwas schwer. Zieh sie aus.
Der Gefreite beginnt, Waltraud zu entkleiden. Er ist nicht grob. Er küsst sie auf die nackte Schulter. Unbeholfen. Ungelenk. Dann stürmisch. Der Gefreite steht mit dem Rücken zu seinem Serschanten. Nur Waltraud kann ihn sehen. Er macht mit der Tokarew-Pistole eine rotierende Bewegung, die besagt: »Leg dich besser ein bisschen ins Zeug.« *Und so erwidert Waltraud die Umarmung des Gefreiten, küsst zurück. Der Serschant ist nun zufriedener und lehnt sich gegen die Wand.*

Haus der Familie May, Baumwipfel, zur gleichen Zeit

Kurt ist auf den Baum geklettert, blickt genau in das Schlafzimmer. Kann nicht wegsehen. Stellt das Bild scharf und unscharf. Die Mutter legt sich mit dem jungen Gefreiten auf das Bett. Der Serschant schaut interessiert zu.

Dresdener Rathausturm, Tag

Totale: Auf dem Turm des zerbombten Rathauses auf dem Altmarkt wird die sowjetische Flagge gehisst, unter dem Jubel der Russen. Unter der lädierten Statue der Bonitas mit ihren ausgebreiteten Armen sieht man das Meer der Ruinen.

Frauenklinik Dresden, Treppenhaus, Tag

Ein Trupp uniformierter sowjetischer NKWD-Männer geht die vernarbte Treppe der Frauenklinik hinauf. Die Decke fehlt. Überall liegen Schutt und Trümmer.

Frauenklinik Dresden, Gänge

Sie gehen mit hartem, schnellem Schritt die Gänge entlang, bis sie auf zwei junge Ärzte treffen.
NKWD-MANN Profjessor Seeband?
Die Ärzte weisen nur zu willig den Weg zur Ordination ihres Chefs. Sie blicken den Sowjets nach, die ihren Schritt nicht verlangsamen, bis sie das Büro erreicht haben. Als sie sich gerade bereitmachen, an der Tür zu klopfen, merken sie, dass die Wand weggesprengt wurde und sie durch ein Loch in der Mauer direkt in das einstmals stolze Büro Seebands treten können.

Frauenklinik Dresden, Ordination Seeband, weiter

Seeband hat diesen Besuch bereits erwartet. Er steht aufrecht, in stolzer Haltung, als posiere er für ein Gemälde, in weißem Arztkittel über dem Zivil-Anzug, hinter seinem Schreibtisch.

SEEBAND Vorsicht.
Er deutet auf ein Loch im Boden, durch das man das untere Stockwerk sehen kann. Die Männer laufen drum herum.
NKWD-MANN Cherr Seeband?
SEEBAND Professor Seeband. Jawohl, das bin ich.
Er ergibt sich den Sowjets, hält seine Hände hin und wird sogleich in Handschellen gelegt und abgeführt.

Sowjetisches Speziallager Mühlberg, Tag

Establishing: Hinrichtung. Ausgezehrte Deutsche laufen in Gruppen über den Hof, streng bewacht von kaum weniger ausgezehrten Sowjets.

Sowjetisches Speziallager Mühlberg, Kommandantur, Tag

Ein großes, aber schlichtes Büro. Ein Adjutant zerschlägt mit einem Kurzbeil eine kostbare Rokoko-Kommode, die in einer Schubkarre herangeschafft wurde, und füttert mit den Holzstücken den Ofen.
Seeband sitzt dem mächtigen Lagerkommandanten NKWD-Major Alexander Michailowitsch Murawjow gegenüber wie Elisabeth ihm vor wenigen Jahren. Der Kommandant raucht eine filterlose Gospodin-Zigarette und studiert die Akte Seeband, lässt sich zwischendurch von seinem Dolmetscher etwas erklären, schüttelt den Kopf in echter moralischer Empörung.
MURAWJOW Herr Seeband ...
SEEBAND Professor Seeband.
MURAWJOW *(ungläubig, zum Dolmetscher, auf Russisch)* Was hat er gesagt?
DOLMETSCHER *(auf Russisch)* Er möchte mit »Herr Professor« angeredet werden.
Murawjow lächelt über so viel Unverfrorenheit, steht auf, setzt sich auf den Tisch, sodass er den sitzenden Seeband überragt. Der Zigaretten-

rauch stört Seeband, ganz offensichtlich Nichtraucher. Er lässt es sich nicht anmerken.
MURAWJOW Ladno (*Na gut*), Herr Professor.
Er verpasst ihm unvermittelt eine harte Ohrfeige.
MURAWJOW (*auf Russisch*) Wo ist Burghard Kroll?
Der Dolmetscher übersetzt.
SEEBAND Wer?
Der Dolmetscher übersetzt.
MURAWJOW (*auf Russisch, untertitelt*) Burghard Kroll? Dein Chef der (*liest*) »Reichsarbeitsgemeinschaft«. Wir wissen von euren Treffen in Berlin.
Er hält ihm ein Foto vors Gesicht.
SEEBAND Ich weiß nicht, wovon Sie reden, ich kenne diesen Mann nicht.
Der Dolmetscher übersetzt. Murawjow schlägt Seeband erneut ins Gesicht. Diesmal noch härter.
SEEBAND Ich kenne ihn immer noch nicht.
Dolmetscher übersetzt.
MURAWJOW (*in Rage*) Der einzige Grund, aus dem wir dich nicht sofort erhängen, ist, weil wir anders sind. Bei uns gibt es Gesetze. Aber da es so viele von euch Faschisten-Schweinen gibt, dauert es eine Weile, bis wir alle gefunden und geschlachtet haben. Nach dem Gesetz!! Ihr habt einfach alles vernichtet, was euch nicht gepasst hat. Ohne Gesetz, ohne Gewissen.
Der Dolmetscher übersetzt simultan und leidenschaftslos. Seeband hört aufmerksam zu, zeigt keine Regung. Murawjow will ihm irgendwie beikommen, will mit ihm argumentieren.
MURAWJOW Wenn mein Kind nicht ganz gesund geboren wird, verdient es dann, zu sterben? Hm?
SEEBAND (*immer bereit, sich auf ein intellektuelles Duell einzulassen*) Es gibt nun einmal nur begrenzten Raum und begrenzte Ressourcen auf dieser Erde. Wer soll die haben? Die Kranken oder die Gesunden?
Die Aussage ekelt Murawjow fast so sehr wie die Tatsache, dass er Seeband kein gutes Gegenargument liefern kann.
MURAWJOW Bald wird auf dieser Erde jedenfalls noch ein Platz frei.

Dresdener Volksschule, Tag

Kurts Vater, sichtbar gealtert, in einem speckigen Anzug, gut gekämmt und rasiert, Hut auf dem Schoß. Auch er sitzt an einem Tisch in einem schlichten Büro. Er lächelt angestrengt. Bewerbungsgespräch. Ihm gegenüber ein deutscher Schuldirektor mit kommunistischem Parteiabzeichen am Revers.
DIREKTOR Sie haben nicht angegeben, ob Sie Parteimitglied waren.
Johann schweigt.
DIREKTOR Waren Sie Parteimitglied?
JOHANN Herr Direktor ... ich war lange ...
DIREKTOR Ja oder nein, Herr Barnert.
JOHANN Ja.
Der Direktor erhebt sich ruhig. Das Gespräch ist beendet.
JOHANN Ich bin kein Nazi. Drei Viertel aller Lehrer waren in der Partei.
DIREKTOR Und dem verbleibenden Viertel wollen wir die Jugend anvertrauen. Guten Tag.

Sowjetisches Speziallager Mühlberg, Seebands Zelle, Nacht

Seeband hat sich aus einer Scherbe zerbrochenem Fensterglas, ein paar Stücken Holz von einem Kruzifix und einer Schnur einen Sicherheitsrasierer gebastelt, mit dem er sich rasiert. Er hört der Unterhaltung zwischen zwei russischen Aufsehern zu, wiederholt die Worte, die sie sprechen, leise vor sich hin. Plötzlich hört ihn einer der beiden.
SOWJETISCHER AUFSEHER Was sprichst du da? Wiederholst du, was wir sagen?
Seeband weiß, dass das gefährlich werden kann.
SEEBAND Ich bitte um Entschuldigung.
Der Aufseher blickt hinein, sieht den Rasierapparat, ist beeindruckt.
SOWJETISCHER AUFSEHER *(auf Deutsch)* Du lernst Russisch?
SEEBAND Ja starajus. (*Untertitel:* »Ich versuche es.«)
Der Russe betrachtet ihn, hat eine gewisse Ehrfurcht vor Seeband.

SOWJETISCHER AUFSEHER Baumeln wirst du trotzdem.
Er rasiert sich weiter.

Sowjetisches Speziallager Mühlberg, Schlafzimmer
des Lagerkommandanten, Tag

Laute Wehenschreie der jungen Frau Murawjow, die bleich und verschwitzt auf ihrem Bett liegt. Murawjow ist außer sich und läuft wie ein Besessener in dem Zimmer auf und ab, versucht immer wieder, mit seiner Frau zu sprechen. Aber sie reagiert gar nicht mehr. Ein russischer Armeearzt sitzt am Bett und misst ihren Blutdruck. Neben ihm steht eine Krankenschwester.
FRAU MURAWJOW *(mit letzter Kraft, auf Russisch)* Mir ist so heiß!
Begeistert, dass er etwas tun kann, eilt Murawjow zum Fenster und reißt es auf. Erneute Wehenschreie.

Sowjetisches Speziallager Mühlberg, Seebands Zelle, zur gleichen Zeit

Seeband sitzt auf der unteren Etage des Doppelstockbetts in seiner Zelle und liest ein russisches Militärpamphlet, spricht Vokabeln vor sich hin, sie rhythmisch wiederholend, unterstreicht Worte, schreibt sie sich auf Butterbrotpapier heraus. Ein anderer deutscher Gefangener reicht ihm aus dem oberen Teil des Etagenbettes eine selbstgedrehte Zigarette. Seeband lehnt mit einer Handbewegung ab, ohne hinzusehen. Er hat kein Interesse an Kameradschaft und schon gar nicht an Zigaretten. Ein erneuter langer Wehenschrei dringt bis zu ihm vor. Danach ein schmerzhaftes Wimmern. Seeband hört sehr genau hin.

Sowjetisches Speziallager Mühlberg, Schlafzimmer des Lagerkommandanten, zur gleichen Zeit

Der Armeearzt ist sichtlich unruhig. Murawjow spürt es und wird selbst immer unruhiger.

MURAWJOW *(auf Russisch)* Wie kann es sein, dass das so lange dauert?
ARMEEARZT *(auf Russisch, zu Murawjow)* Ich kann noch nichts tun, bis der Kopf unten ist. Wir müssen warten.

Murawjow geht auf und ab, ringt mit den Händen. Zündet sich eine Zigarette an, wirft sie aber gleich wieder auf den Boden.

Sowjetisches Speziallager Mühlberg, Seebands Zelle

Seeband klopft gegen die Gitterstäbe, bis ein stumpf aussehender Wächter kommt.

WÄCHTER Tschto?
SEEBAND Genosse! Die Frau kommt in den Wehenpausen nicht zur Ruhe. Das Kind liegt falsch. Es kann nicht heraus.

Der Genosse reagiert nicht.
SEEBAND Den Dolmetscher.
Der Genosse versteht nicht.
SEEBAND Perewodtschik!
Er zeigt dorthin, von wo die Laute kommen.
SEEBAND Ja mogu pomotsch. Ja wratsch – nemezki wratsch. Posowite perewodtschika. Skoro. (*Untertitel:* »*Ich kann helfen. Ich bin Arzt. Deutscher Arzt. Rufen Sie den Dolmetscher. Schnell.*«)

Cut to:

Sowjetisches Speziallager Mühlberg,
Seebands Zelle, wenig später

Der Dolmetscher, verschlafen und offensichtlich irritiert, dass er geweckt wurde, steht mit dem Wächter auf der anderen Seite der Stäbe.
DOLMETSCHER Ich kann nichts für Sie tun.
SEEBAND Wenn Sie dem Herrn Major nicht sagen, dass ich helfen kann, dann müssen Sie mich jetzt auf der Stelle erschießen. Denn ich verspreche Ihnen: Ich werde ihm sagen, dass seine Frau eine Chance hatte und Sie sie ihr nicht gegeben haben.

Cut to:

Sowjetisches Speziallager Mühlberg, Schlafzimmer
des Lagerkommandanten

Murawjow, zerzaust und aufgelöst, redet auf Russisch auf den Dolmetscher ein.
MURAWJOW Potschemu on chotschet pomotsch?
SEEBAND Was meint er?
DOLMETSCHER Er ist misstrauisch. Er fragt, warum Sie helfen wollen?
Seeband blickt Murawjow direkt an.

SEEBAND Ich will helfen, weil ich es kann.
Der Dolmetscher übersetzt, während Seeband sich der Frau zuwendet. Sie sieht übel aus, ihr leichenblasses Gesicht ist nass vom Schweiß. Sie redet panisch vor sich hin.
FRAU MURAWJOW *(auf Russisch, mit deutschen Untertiteln)* Eine Zigeunerin hat es mir vorausgesagt, ich werde keine Kinder haben. Ach, wie konnte ich glauben, dass ich stärker bin als das Schicksal.
Seeband ignoriert es, tastet die Bauchdecke ab.
SEEBAND Querbett.
Die anderen verstehen nicht.
SEEBAND *(gestikulierend)* Legen Sie sie quer.
Der Armeearzt und die Krankenschwester verstehen und leisten Folge.
SEEBAND *(zum Armeearzt)* Welche Woche?
Der Dolmetscher übersetzt.
ARMEEARZT *(auf Russisch)* 36.
SEEBAND Blutdruck?
Der Armeearzt nennt ihm die Zahl (110 zu 70). Der Dolmetscher übersetzt alles.
FRAU MURAWJOW *(auf Russisch, mit deutschen Untertiteln)* Wie konnte ich glauben, dass ich doch Kinder haben kann!
SEEBAND *(bestimmt, auf Deutsch, zum Dolmetscher)* Also, sagen Sie ihr, ein Kind wird sie auf jeden Fall haben. Und wenn sie möchte, danach noch viele mehr.
Der Dolmetscher ist erstaunt, dass Seeband ihre Worte so genau verstehen konnte, übersetzt für sie.
SEEBAND *(zu den Männern)* Das Kind ist in Querlage. Während der Wehen ist die Gebärmutter zu hart, um es zu drehen. Ich werde die Fruchtblase öffnen. In einer Wehenpause drehe ich dann das Kind.
Der Dolmetscher stockt.
DOLMETSCHER Ich bin Militärdolmetscher … Ich …
Seeband versteht.
SEEBAND Handschuhe.
DOLMETSCHER Pertschatki.

SEEBAND *(auf den Armeearzt deutend)* Wir machen es ohne Narkose.
DOLMETSCHER Bes narkosa.
Der Armeearzt reicht ihm ein paar Gummihandschuhe. Sie sind nicht neu. Seeband streift sie über, zeigt auf die Wodkaflasche, aus der sich Murawjow bedient. Er bedeutet ihm, er solle ihm und dem Armeearzt den Wodka über die Handschuhe gießen. Was er tut. Die Krankenschwester reicht ein Handtuch. Der Armeearzt will danach greifen.
SEEBAND *(auf Russisch, streng)* Nicht abtrocknen. Nicht berühren.
DOLMETSCHER Ne wytirat, ne trogat.
Nah: Seebands Gesicht, während er in großer Konzentration die Drehung vornimmt. Seeband ist in seinem Element.
SEEBAND Da habe ich schon die Beine ... Jetzt warte ich auf die nächste Wehe ...
Seeband zieht am Bein des Kindes.
SEEBAND Jetzt führe ich den Zeigefinger in den Mund des Kindes ein, drücke das Kinn auf seinen Brustkorb und führe so den Kopf heraus ...
Nach einem kurzen Moment hören wir einen Neugeborenenschrei.
SEEBAND Maltschik. Sdorowy maltschik. *(Untertitel: »Ein Junge. Ein gesunder Junge.«)*
SEEBAND Und eine gesunde, prachtvolle Mutter. Ich gratuliere, Herr Major.
Seeband streift die Handschuhe ab und reicht Murawjow die Hand. Der Lagerkommandant nimmt die Hand nicht, zieht Seeband an seine Brust.
MURAWJOW *(auf Russisch)* Wer ein Leben rettet, rettet die ganze Welt. Du hast meine Welt gerettet, Herr Professor. Dir wird niemand ein Haar krümmen. Du stehst unter meinem persönlichen Schutz.
Er macht die Tür auf und richtet sich an seinen Adjutanten.
MURAWJOW Richten Sie für den Professor das Gästezimmer her und geben Sie ihm von meinen Kleidern.

Felder in Waltersdorf, Tag

Titeleinblendung auf Bild: »1949«

Kurt sitzt hoch in einem Baum und blickt über ein Feld. Still, beobachtend, wie wir ihn inzwischen kennen.
Nah: Kurts Gesicht. Auf einmal sieht man, dass sich sein Ausdruck aufhellt, seine Stimmung verändert, ihm eine Einsicht kommt. Er richtet sich auf. Die Einsicht bleibt. Er streckt die Arme aus.
Totale: Mit großer Geschicklichkeit klettert er den Baum hinunter. Sein Gang ist anders – langsamer, gespannter, geladener.
Er geht mit großen Schritten Richtung Kamera. Plötzlich beginnt er im Überschwang zu rennen, auf die Kamera zu und aus dem Bild.
Supertotale: Kurt rennt über die Felder.
Nah: Sein Gesicht beim Rennen und Springen zeigt einen Glücksrausch, wie er einem nur selten im Leben zuteilwird.

Haus der Familie May, Tag

Er kommt am Haus an, atemlos, beflügelt und beseelt. Sein Vater sitzt an einem Plastiktisch am Eingang und versucht, ein elektrisches Gerät zu reparieren. Die Teile liegen ausgebreitet vor ihm. Er sieht Kurt ankommen, winkt ihm müde und freundlich zu.
KURT (*mit Nachdruck, im Überschwang*) Vater! Du musst dir keine Sorgen mehr machen! Ich habe es verstanden!!
JOHANN Was ... was hast du verstanden?
KURT Alles ... wie alles zusammenhängt, was alles bedeutet ... dass alles zusammenhängt ... alles ... (*verschämt in seinem Glück*) Die Weltenformel ...
Johann lächelt etwas verwirrt, fragend.
KURT Ich muss mich nie wieder sorgen, brauche nie wieder Angst zu haben. Ich bin unberührbar.

JOHANN (*milde lächelnd*) Das ist schön.

KURT Nein, Vater, du verstehst nicht … Du musst dir auch keine Sorgen mehr machen. Ich muss noch nicht einmal mehr Künstler werden. Ich kann jeden Beruf ergreifen und werde das Richtige finden, das Wahre!

Johann nimmt seinen Hund auf den Arm, streichelt ihn. Es ist schwer zu sagen, wer mehr zerzaust ist, Johann oder der Hund. In jedem Fall ist er so weit entfernt von Kurts Gemütszustand, wie man nur sein kann.

JOHANN Ich freue mich für dich, wirklich.

Waltraud kommt aus dem Haus. Kurt rennt auf sie zu, umarmt sie, rennt ins Haus. Waltraud schaut sehr besorgt.

Nach einem Moment kommt Kurt wieder heraus, mit einer Kleinbildkamera in der Hand.

KURT Ich muss diesen Moment festhalten!

Er fotografiert seinen Vater mit dem Spitz im Arm, seine Mutter in der Blumenschürze und rennt dann wieder hinein.

JOHANN Ich weiß, an wen du denkst. Er ist aber anders.

Dresdener Straßen, Tag

Titeleinblendung auf Bild: »1951«

Kurt, jetzt neunzehn Jahre alt, ein Mann, allerdings so schlank und beweglich, dass er immer noch etwas von einem Jungen hat, geht mit einem Arbeiterranzen durch eine typische Ruinenstraße der Dresdener Innenstadt zu seinem Arbeitsplatz. Die Trümmerfrauen arbeiten hart am Wegschaffen des Bauschutts.

Dresden, Bannerwerkstatt, Treppenhaus, Tag

Kurt springt die Treppe des Hauses hinauf, verlangsamt, weil auf dem zweiten Absatz gerade die Treppe geputzt wird, mit Lappen und Eimer und harter körperlicher Arbeit. Wir erkennen, dass einer der zwei Reinigungskräfte Kurts Vater Johann ist. Kurt grüßt knapp. Die tägliche Begegnung ist zwar Routine, doch ist sie beiden immer noch unangenehm.

Dresden, Schilderwerkstatt, Atelier, Tag

Kurt malt an einem langen Tisch mit erstaunlicher Geschicklichkeit die Lettern eines Spruches: »Die Deutsche Demokratische Republik – Retter des Friedens.« Auf dem Nebentisch liegt ein Schild: »Von der Sowjetunion lernen heißt siegen lernen.« Und: »Kollege immer denk daran: Deine Arbeit dem Fünfjahresplan.« Jeder Buchstabe ein Meter hoch. Kurt zeichnet, brennende Kippe im Mund, mit großem Geschick freihändig die Buchstaben, während die anderen mit Schablonen arbeiten.

JUNGER ARBEITER Machst du das eigentlich, um dich besser zu fühlen als wir?
KURT Was?
JUNGER ARBEITER Das. So. (*zeigt auf die Bänder*) Freihändig die For-

men zeichnen, während wir uns hier mit Schablonen abmühen. Willst du uns vorführen? Warum machst du das?
Kurt blickt den jungen Arbeiter erstaunt und leidenschaftslos an.
KURT Ich mache es, weil ich es kann.
Er beugt sich wieder zu dem Banner hinunter.

Dresden, Bannerwerkstatt, Abend

Die anderen sind weg. Kurt glaubt sich allein. Legt seine Pinsel mit roter Farbe weg, nimmt einen Kohlestift zur Hand und beginnt, weiter an seinen eigenen kubistisch-expressionistischen Zeichnungen zu arbeiten.
Ohne dass Kurt etwas ahnt, beobachtet ihn der Vorarbeiter aus der Ferne. Er schaltet das Raumlicht an. Kurt schiebt die Zeichnungen unter das Banner, so dass sie nicht mehr zu sehen sind, nimmt schnell einen Pinsel zur Hand. Etwas Farbe spritzt neben den Buchstaben. Kurt ignoriert es, malt einen Buchstaben zu Ende. Der Vorarbeiter tritt zu ihm heran.
VORARBEITER Du kannst die Stifte auch nach Hause mitnehmen, wenn du sie am nächsten Tag wiederbringst.
Kurt schweigt.
VORARBEITER Im nächsten Monat laufen die Bewerbungen für die Kunstakademie.
Kurt ist sich nicht sicher, ob das nicht vielleicht eine Falle ist.
KURT *(vorsichtig)* Ich bin zufrieden mit dieser Arbeit.
Der Vorarbeiter hebt ein Ende des Banners auf und zieht die Zeichnungen hervor. Kurt weiß, dass es keinen Sinn hat, zu leugnen.
Eines der Blätter ist ein Schädel im Picassostil. Dann nochmal drei Schädel im Beckmannstil. Eine erotische Kohlezeichnung wie von Kokoschka, doch daneben gleich wieder ein verrenkter, gebrochener Männerkörper. Ein drittes Blatt, irgendwo zwischen Odilon Redon und Kubin, zeigt ein unheimliches, kaum noch als menschlich erkennbares Gesicht, mit einem Tierkörper verschmolzen.
VORARBEITER *(ernsthaft ärgerlich)* Was soll das? Hilft das dem Arbeiter? Gibt das deinem Vater Kraft beim Treppenputzen? Du willst ihm

doch helfen? Hast ihm doch sogar die Stelle verschafft.
Kurt weiß nicht, ob er jetzt vielleicht entlassen wird oder bestraft oder was.
Der Vorarbeiter schaut die Blätter an. Zwar immer noch ärgerlich, aber mit einer Intensität, wie es sich jeder Künstler von einem Betrachter wünscht. Sein Ausdruck wird weicher.
VORARBEITER Hast viel Scheiße erlebt, was?
Es ist mehr eine Aussage als eine Frage.
VORARBEITER Aber glaubst du, es hilft dir, darin zu schwelgen? Glaubst du, es hilft dabei, eine Welt zu bauen, in der deine Kinder es einmal besser haben werden? Darum geht es im Kommunismus.
Er blickt noch einen Moment auf die Zeichnungen.
VORARBEITER Ich werde deine Bewerbung unterstützen.
Kurt will etwas erwidern.
VORARBEITER Die Mädchen an der Kunstakademie sind hübscher als hier.

Cut to:

Kunstakademie Dresden, Tag

Der Vorarbeiter hat nicht zu viel versprochen. Die jungen Frauen, die die Freitreppe des trotz Bombenschäden prachtvollen Lipsiusbaus bei schönstem Sonnenschein hinaufschreiten, sind so schön, wie man es sich nur vorstellen kann.

Kunstakademie Dresden, Vorlesungssaal, Tag

Der schöne Vorlesungssaal ist verdunkelt. An ein paar Stellen ist es nicht gelungen, die Bombeneinschläge zu flicken. Von dort kommt das Sonnenlicht in großen säulenartigen Strahlen herein, die durch den Zigarettenrauch, der in dem Raum steht, sehr gut zu sehen sind. Der Saal ist gut gefüllt mit Studenten, die alle froh sind, dort zu sein. Ein hagerer Professor, Horst Grimma, ein Maler von vielleicht sechzig Jahren, mit freundlichem, offenem Gesicht, wirbt mit großem Engagement und großer Wärme für seine Sache. Er nimmt ein Foto zur Hand (das ein Gemälde von einer Gruppe von Landvermessern bei der Arbeit zeigt) und legt es auf die Trägerfläche eines alten Episkops. Er projiziert es auf die Leinwand neben die Tafel, auf der zwei Worte stehen: »Sozialistischer Realismus«.

PROFESSOR GRIMMA Können Sie erkennen, dass hier jemand alle Eitelkeit beiseitegelassen hat und sich in den Dienst der Sache stellt? In den Dienst am Volk?

Er lässt das Bild auf die jungen Menschen wirken.

PROFESSOR GRIMMA Natürlich wollen wir von Ihnen nicht die grobnaturalistische »Ästhetik« des Faschismus, der in spießiger Weise Kunst durch Kitsch ersetzt.

Er legt Fotos von einigen »faschistischen Kunstwerken« auf das Episkop. Arno Breker, Josef Thorak, Willy Kriegel.

PROFESSOR GRIMMA Und wir wollen natürlich keine mechanische, fotografisch getreue, naturalistische Kopie. Was wir von euch erbitten,

was wir von euch brauchen, ist eine schöpferische, analytische, realistische Gestaltung, die aus der Verbindung von der Wirklichkeit selbst und eurem künstlerischen Verhältnis zu ihr entsteht. Arbeitet an eurer Haltung, arbeitet an eurem Handwerk – und die richtige Kunst wird wie von selbst durch euch entstehen.
Er wechselt wieder die Vorlage.

PROFESSOR GRIMMA Natürlich wissen wir zu unterscheiden zwischen einem Salvador Dalí, dem Lobsänger Hitlers und Francos, der Schizophrenie und Paranoia gewissermaßen zur höheren Daseinsform erklärt ...
Er zeigt West-Postkarten von Dalís Traumgemälden – Brennende Giraffen, Gesichtshaut auf Stelzen, Wilhelm Tells gigantischer Phallus, der aus seinem Hintern herauswächst.

PROFESSOR GRIMMA ... und einem leidenschaftlichen Antifaschisten wie Pablo Picasso, von dem es starke realistische Bilder gibt, die eine echte Solidarität zur Arbeiterklasse deutlich machen ...
Er zeigt frühe Arbeiten Picassos – das barfüßige Mädchen, den armen alten Mann auf dem Stuhl, aber auch das »Mahl des blinden Mannes« und den »Bettler mit Kind« aus der Blauen Periode.

PROFESSOR GRIMMA ... der aber doch sehr bald in einen dekadenten, obszönen Formalismus abgerutscht ist. Warum? Weil er als Erneuerer gelten wollte und nicht als Traditionalist.
Er zeigt eine Reihe von Bildern Picassos, in denen sich Farben und Formen auflösen: Brüste und Zungen am Strand, zerfließende Frauenfiguren.

PROFESSOR GRIMMA Innovation, schöpferische Unabhängigkeit, künstlerische Freiheit – Worte, die für einen Künstler erst einmal verlockend klingen. »Ich. Ich. Ich.« Aber wirkliche Freiheit kann ein moderner Künstler doch nur dann gewinnen, wenn er sich in den Dienst an den Interessen des Volkes stellt. Das »Ich. Ich. Ich.« führt nur zum Unglück.
Professor Grimma blickt sich um, um zu sehen, ob seine Argumente auch ankommen und verstanden werden. Er meint es alles sehr ernst.

PROFESSOR GRIMMA Es führt im besten Fall zum Ausgehaltenwerden

durch dekadente, reiche »Sammler«, Ausbeuter der Arbeiter, die sich daran ergötzen, dass sie mit dem Volk nichts gemeinsam haben, nicht einmal den Kunstgeschmack, und für die Kunst deshalb gar nicht pervers und absurd genug sein kann.
Er scheint wirklich betrübt darüber.
PROFESSOR GRIMMA Nun gibt es modische Theorien, welche behaupten, der Zustand der Geisteskrankheit sei gewissermaßen eine höhere Form, Schizophrene und Paranoiker könnten in ihrem Wahn zu geistigen Höhen gelangen, die einem gewöhnlichen Menschen im normalen Zustand niemals zugänglich seien.
Er zeigt besonders »kranke« Bilder: Max Ernsts fleischgewordene Albtraumlandschaften, frühe Werke Francis Bacons in ihrer schrillen Wucht.
PROFESSOR GRIMMA Aber diese Theorien sind keine Zufallserscheinungen. Sie sind charakteristisch für die Epoche des Verfaulens und der Zersetzung der bürgerlichen Kultur: Verfall, Mystizismus, Pornographie. Leere Formen, künstliche Konstruktionen, Flecken, Linien, Kugel, Kegel und Würfel. All das, nur um als »Erneuerer« zu gelten? Ja, es ist neu. Aber es ist auch falsch. Und eitel. Und dumm. Undemokratisch. Dekadent. Seien Sie anders, meine Herren. Seien Sie anders.

Kunstakademie Dresden, Jahrgangswerkraum, Tag

Studenten an Staffeleien um eine gestellte Szene mit einem muskulösen Arbeiter-Modell, der mit beiden Händen einen schweren Vorschlaghammer hält.
STUDENT 1 Der Hammer war aber höher, vorhin.
Das Arbeiter-Modell korrigiert die Position.
ARBEITER-MODELL *(hohe Stimme und schwerer sächsischer Dialekt)* Sö hier?
Die Studenten lachen. Die Stimme passt so wenig zu dem stolzen Motiv. Ein anderer Student antwortet.
STUDENT 2 Der war noch ein ganzes Stück weiter oben. Und die rechte Hand war weiter vorn.

STUDENT I Noch ein Stück … noch ein Stück.
Das Arbeiter-Modell korrigiert die Haltung wie gewünscht, bis plötzlich alle merken, dass das Ende des Griffs an seinem Hosenschlitz sitzt, und der Hammer von dort steil aufragt. Die Studenten, unter ihnen Kurt, lachen.
ARBEITER-MODELL *(verzweifelt)* Also, man meint fast, Sie machen das, um mich zu ärgern.
Die Studenten lachen noch mehr. Der Arbeiter stürmt empört davon. Kurt ist schon weiter mit seinem Bild als die anderen. Er hat verstanden, was gefordert wird. Er hat das gewöhnliche Hemd des Arbeiters in einen grüngrauen DDR-Arbeiterblouson umgearbeitet, im Hintergrund eine Fabriklandschaft hinzugefügt und dem Arbeiter einen stoisch-männlichen Gesichtsausdruck verliehen.
Das Modell kommt mit dem Professor zurück, bei dem er sich beschwert hat. Der Professor nimmt ihn zwar auch nicht ganz ernst, ist aber dennoch verärgert, dass die Arbeit durch diese Scherze gestört wurde.
PROFESSOR GRIMMA Ja, sind wir denn hier im Kindergarten?
Der Professor geht durch die Reihen, blickt auf die Leinwände. Sein Unmut steigt.
PROFESSOR GRIMMA Ja, das sind wir anscheinend.
Die Bilder sind wirklich nichts Besonderes. Unbeholfene Kunst-LK-Bilder. Erst bei Kurts Staffelei bleibt er stehen. Er scheint zufrieden. Er winkt das Modell herbei. Der kommt herauf, betrachtet das Bild.
MODELL *(fistelt)* Ich fühle mich gut getroffen.
Jetzt kann auch der Professor sein Lachen nicht mehr unterdrücken.

Kunstakademie Dresden, Jahrgangswerkraum, Mittag

Das Modell ist weg. Die letzten Studenten gehen in die Mittagspause. Nur Max, der Student neben Kurt, ein sportlicher, schlanker Junge mit glatten schwarzen Haaren, ist noch da. Sein Bild ist eine armselige Kopie von Kurts Ideen geworden – eine sehr ähnliche Fabriklandschaft. Jetzt erhebt auch Max sich zum Gehen.

MAX Kommst du?
Kurt ist so versunken in seine Arbeit, dass er noch nicht einmal antwortet.
MAX *(zu Kurt)* Kann ich dann wenigstens meine Mütze zurückhaben?
Kurt reicht sie ihm. Er hat dem Arbeiter die Lenin-Mütze des Kommilitonen angedichtet und somit ein perfektes Lehrbild des sozialistischen Realismus geschaffen.
MAX *(irritiert, ungeduldig)* Was willst du noch? Ja, deins ist das beste Bild.
Kurt ist aber offensichtlich noch unzufrieden damit.
MAX Der Mensch lebt nicht von Kunst allein.
Kurt lächelt, lässt sich aber nicht ablenken.
MAX Sondern von jedem hübschen Mädchen, das er in der Kantine kennenlernen kann?
KURT Ich komme nach.
Aber Max weiß wohl, dass er das nicht tun wird, winkt ab und geht. Nach einem kurzen Moment steckt ein anderer den Kopf herein und streckt Kurt zwei Faber-Castell-Bleistifte wie Trophäen entgegen.
STUDENT 4 In der Mode verschenkt eine West-Bleistifte!

Kunstakademie Dresden, Gänge und Treppenhaus

Das lässt sich Kurt nicht zweimal sagen. Er rennt hinaus, hinauf, durch den Gang, mit verblüffender Behändigkeit hangelt er sich an der Außenseite des Geländers an der Masse vorbei in die obere Etage.

Kunstakademie Dresden, Modefakultät

Nähmaschinen, Nähtische, Stoffrollen, extravagant gekleidete Schneiderpuppen. All das steht in starkem Kontrast zu der neobarocken Ruine, die das Ganze beherbergt.
Um einen Nähtisch hat sich eine aufgeregte kleine Traube gebildet. Kurt stellt sich an. Zwei Reihen vor ihm steht Max. Er sieht Kurt und feixt ihn

an. *Zwischen den Köpfen erhascht Kurt einen Blick auf ein Mädchen, das königlich an ihrem Nähplatz sitzt, rauchend, neben ihm eine große Schachtel Bleistifte. Das Mädchen verteilt sie mit einem sanften Lächeln. Da plötzlich, zwischen den vielen Menschenkörpern, begegnen sich ihre Blicke. Ein tranceartiger Moment.*
STUDENT Elisabeth! Bitte, auch mir!
Der Name reißt Kurt aus seiner Trance. Sie wendet sich dem Studenten zu. Auf einmal lehnt sich Max nach hinten zu Kurt und flüstert ihm ins Ohr.
MAX Mach dir keine Hoffnung. Die gehört mir. Pass genau auf. Dann kannst du was lernen: Die ist reif zum Pflücken, ich sag's dir. Schau auf den Mund. Sie hält ihn offen. Wenn dich ein Mädchen mit offenem Mund anlächelt, dann bist du so gut wie drin. So ein geschlossenes Lächeln (*er macht es vor*) bedeutet gar nichts. Aber wenn er dabei aufgeht, dann hast du gewonnen. Ich gehe jetzt hin, sage kein Wort, und sie wird mich anlächeln, so (*gibt seine beste Imitation eines erotischen Lächelns*). Sieh mir zu, damit du lernst, wie man's macht!
Max geht los. Als er bei Elisabeth ankommt, ist er allerdings plötzlich fast eingeschüchtert von dem schönen Mädchen. Sie nimmt die letzten Bleistifte in die Hand, blickt auf die Beschriftung des Härtegrads.
ELISABETH (*liest ab*) F, 2B oder 4B?
Als Max nicht antwortet, blickt sie auf.
ELISABETH Na?
MAX 2B, danke. Aber lieber noch als einen Bleistift würde ich mit dir mal ... ausgehen.
ELLIE Belassen wir's erst mal beim Bleistift.
MAX (*versucht souverän*) Sicher?
Aber Elisabeth hat sich bereits dem nächsten Bleistift-Empfänger zugewandt.
ELISABETH F oder 4B?
Max tritt zur Seite, blickt noch einmal verstohlen zu Kurt, hoffend, dass er nicht mitbekommen hat, wie er abgeblitzt ist. Aber solches Hoffen ist bei Kurt vergeblich. Max geht.
Die Traube löst sich auf. Nur Kurt steht noch da.

KURT Du heißt Elisabeth?
Sie nickt und lächelt über diese so ernst vorgebrachte Frage.
ELISABETH Willst du auch einen? Es ist nur noch 4B da.
Sie hält ihm einen glänzenden grünen Faber-Castell-Bleistift entgegen. Unvermittelt streckt er seine Zunge heraus. Darauf liegt eine Rasierklinge. Er nimmt sie in die Hand und schneidet mit großem Können vier schartenartige Kerben in eine Art offene Schachtel, die er in großer Geschwindigkeit aus der Modezeichnung gefaltet hat.
Plötzlich merkt man, dass ein perfekter Origami-Aschenbecher für vier Zigaretten entstanden ist. Er nimmt den Bleistift entgegen und stellt ihr zum Dank den Aschenbecher auf den Tisch. Dann tut er so, als ob er die Klinge wieder verschluckt, um sie zu verstauen. Als sie lacht, legt er sie wieder zu den anderen Klingen auf ihren Tisch.
KURT Ein Goldfasan wie du darf nicht in eine gewöhnliche Büchse aschen.
ELISABETH (*empört*) Goldfasan? Das kann ich nicht auf mir sitzen lassen.

KURT Das sehe ich auch so. Ein Spaziergang? Durch den Park?
Sie blickt verwundert.
KURT ... damit ich meine Fehleinschätzung korrigieren kann?

Dresden, Park, Tag

Sie laufen schweigend nebeneinander her. Manchmal blickt er sie an. Elisabeth ist zunehmend erstaunter, dass er kein Wort von sich gibt.
Sie laufen an einem großen Gebäude vorbei, von dem ein Spruchbanner in großen Lettern erinnert: »Von der Sowjetunion lernen heißt siegen lernen!« *– wir erkennen an einem Farbspritzer, dass es genau das ist, was Kurt selber gemalt hat. Er sagt trotzdem nichts.*
ELISABETH Du wolltest dich doch mit mir unterhalten.
KURT Eigentlich wollte ich mit dir spazieren gehen.
ELISABETH Na gut, dann werde ich eben Konversation machen.
Er macht eine »Bitte, gerne«-*Geste.*
ELISABETH Sozialistischer Realismus ... ist das deine Sache?
Er denkt einen Moment nach.
KURT Wahrscheinlich ebenso wie deine die Mode von Lotte Ulbricht.
Er blickt sie immer wieder an.
ELISABETH Warum siehst du mich immer so an?
KURT Du erinnerst mich an jemanden.
ELISABETH Würdest du mich gerne malen?
KURT Ich weiß nicht. Würdest du mir gerne einen Anzug schneidern?
Sie lacht. Es ist aber nicht ganz klar, ob die Frage nicht vielleicht sogar ernst gemeint war.
ELISABETH Ich muss nach Hause.
KURT Darf ich dich begleiten? Nur bis zur Haustür?
Sie laufen durch das zerstörte Dresden, bis sie im Villenviertel ankommen. Vor einer spektakulären Gründerzeitvilla, Wiener Straße 91, machen sie Halt.

Villa Seeband

Ein Holzschild steht am Tor: »Tanzschule Gret Palucca«. *Man sieht durch die großzügigen Fenster Paare tanzen, hört die schwungvolle Musik.*
KURT Du nimmst Tanzunterricht?
ELISABETH *(lachend)* Ich wohne hier. Das Haus gehört uns.
Kurt blickt voller Bewunderung auf das prachtvolle Gebäude.
KURT Also, so richtig widerlegt hast du den Goldfasan nicht.
ELISABETH Wir hatten nur Glück, kein einziger Bombentreffer. Vor dem Krieg sah die ganze Straße so aus.
Sie blicken beide auf die Ruinen, die immer noch auf den meisten Grundstücken vorherrschend sind. Sie blickt wieder zu ihm. Er schaut ruhig zurück. Ein Moment des Schweigens, der keinem der beiden unangenehm ist.
ELISABETH Du hast so eine Sicherheit. Eine Gewissheit. Fast, als weißt du etwas.
Kurt sieht sie an, schüttelt bescheiden, aber langsam den Kopf, ein klein wenig lächelnd.
ELISABETH Auf Wiedersehen, Kurt.
KURT Auf Wiedersehen –
Er stockt bei dem Namen.
ELISABETH *(sein Stocken missverstehend, empört auflachend)* Elisabeth!
KURT Kann ich dich irgendwie anders nennen? Hast du vielleicht einen Spitznamen?
ELISABETH *(verwundert)* Eigentlich nennen mich alle Elisabeth ...
KURT »Eigentlich« heißt immer: Genau das Gegenteil stimmt.
ELISABETH *(lacht)* Na gut. Mein Vater nennt mich Ellie.
Der Name gefällt ihm.
KURT Auf Wiedersehen, Ellie.
Ellie geht durch das Gittertor in den Garten, schließt es hinter sich zu, blickt sich noch einmal um. Er steht ganz ruhig da und betrachtet sie.
KURT *(für sich)* Elisabeth.

Haus der Familie May, Küche, Abend

Kurt sitzt in seinem winzigen Zimmer an einer Zeichnung von Ellie, wie sie verführerisch glamourös raucht. Auch er raucht, doch lässt es ihn eher wie einen Arbeiter aussehen. Neben ihm liegt auch eine frische Skizze der Villa Seeband in der Wiener Straße. Auch die scheint es ihm angetan zu haben. Sein Schreibtisch ist sehr ordentlich. Auf einem Beistelltisch sieht man eine kleine Sammlung von Bildern, die Kurt aus der Zeitung ausgeschnitten hat, darunter eines der englischen Remington-Bombenflugzeuge und eines von einer Gruppe von Krankenschwestern sehr ähnlich der in der Nervenklinik damals. Daneben einige beige eingebundene Literaturbände mit Goldstich. Plötzlich hört man eine Frau laut schreien. Einmal. Zweimal. Und nochmal. Kurt springt auf, rennt hinaus, folgt dem nächsten Schrei die Treppe hinauf auf den Dachboden. Er schreitet die Reihe von aufgehängten Bettlaken und Hemden ab, die ihm den Blick auf das Geschehen versperren. Schließlich sieht er seine Mutter vor einem Wäschekorb stehen, dann entdeckt er den Körper seines Vaters, der an einem Strick von einem Balken baumelt. Und noch einmal stellen seine Augen unscharf.

Kunstakademie Dresden, Werkstattraum, Tag

Kurt kommt herein. Alle Blicke wenden sich ihm zu. Er geht zu seinem Platz. Stellt sich an seine Staffelei. Max greift ihm an die Schulter. Der Professor tritt heran.

PROFESSOR GRIMMA Du hättest dir auch etwas länger freinehmen können, Kurt.

Kurt schüttelt den Kopf und nimmt seinen Pinsel auf, beginnt, die Farbe anzumischen. Er blickt zum Arbeiter-Modell, das wieder in Pose auf der Bühne steht. Er beginnt zu malen.

Montage:

– Kurt arbeitet in der Mittagspause an dem Gemälde.
– Nah: Kurt blickt auf die Modelle, mit stahlgrauen Augen.
– Die »Arbeiterin« bohrt sich wenig würdevoll in der Nase.
– Nahaufnahme: Kurt blickt scharf prüfend auf sein Bild.
– Nahaufnahme: Kurt übermalt das Gesicht der Frau.
– Kurt arbeitet in der Nacht an dem Gemälde.
– Professor Grimma dreht seine Runden, als er bei Kurt ankommt, kämpft er mit den Emotionen. Er klopft ihm anerkennend auf die Schulter.
– Nah: Der stolzen Arbeiterin, deren Profil an das des Arbeiters anschließt, hat er Ellies Gesichtszüge verliehen. Sie steht in genau dem Winkel da, wie er sie angesehen und gezeichnet hat. Er hatte immer die Fertigstellung des Bildes im Kopf.

Montage endet.

ELLIE (*off-screen*) Ein Goldfasan als Arbeiterin?
Kurt dreht sich um. An ihrem Ausdruck erkennt er, dass sie gehört hat, was geschehen ist. Sie hält einen Anzug in der Hand und ein Hemd. Hält ihn ihm entgegen.
ELLIE Du bist jetzt meine Seminararbeit.
Er lächelt und beginnt, gleich dort im Studio, während er ihr immerfort ins Gesicht blickt, den Gürtel aufzuschnallen, die Hose herunterzuziehen, das Hemd aufzuknöpfen, bis er nur noch in der Unterhose dort steht. Er hat einen muskulösen, jungenhaften, unbehaarten Körper. Wenn er Ellie aber verunsichern wollte, so ist ihm das nicht gelungen. Sie sieht ganz genau hin. Was ihm aber auch recht ist. Er zieht das Hemd und den Anzug an. Er passt genau und steht ihm sehr gut. Ein grober, natürlicher Stoff, ein weiter Schnitt – auf einmal sieht er fast aus wie ein staatstragender Künstler.
KURT Den ziehe ich nie wieder aus.

Cut to:

Villa Seeband, Ellies Zimmer, Nacht

Der Anzug liegt neben Ellies Kleidern auf dem Boden in einem großzügigen Gründerzeit-Zimmer im dritten Stock von Ellies Villa. Sie liegen beide nackt auf Ellies Bett und küssen sich. Zart, sanft. Er blickt sie an.
KURT Es ist viel zu leicht, dich zu lieben. Du bist so schön, dass es schon fast unromantisch ist.
Sie lacht ein bisschen, schlägt ihn spielerisch mit einem Kissen.
KURT Liebst du mich?
Sie hält inne, verwundert über die Frage.
KURT Liebst du mich? Sonst ... geht es bei mir nicht.
Sie versteht nicht.
KURT Sonst geht es nicht.
ELLIE Ich liebe dich.
Er wird stürmischer, angeregter.
KURT (*ganz offen*) Wirklich?

ELLIE Ja.
Jetzt kann er sich fallen lassen.
ELLIE Ich liebe dich! Wirklich, ich liebe dich.

Villa Seeband, Ellies Zimmer, einige Stunden später

Sie liegen im Bett. Nur das Mondlicht und eine Kerze erhellen die beiden jungen Körper. Kurt streichelt Ellies Rücken. Sie sieht ruhig aus, entspannt, wie wir sie noch nicht gesehen haben.
ELLIE Wirst du mir morgen noch in die Augen schauen können?
KURT Was meinst du damit?
ELLIE Wenn wir uns morgen ganz normal sehen, angezogen und in der Akademie, mit den Lehrern … (*korrigiert sich lachend*) Professoren! … mit den anderen Studenten in der Mensa … wirst du mich noch genauso sehen? …
KURT (*liebevoll, ernsthaft, deutlich*) Nein.
Sie lächelt. Auf einmal erhellt der Widerschein eines Autoscheinwerfers das Zimmer. Sie wird starr, horcht. Wir hören Stimmen. Ein Tor wird geöffnet. Der Kies knirscht. Ellie setzt sich gerade auf.
ELLIE Meine Eltern!
KURT Ich dachte, die wohnen in Chemnitz …
*Ellie springt zum Fenster, blickt vorsichtig hinaus und nach unten. Tatsächlich steigen drei erwachsene Gestalten, zwei Frauen und ein Mann, aus einem Auto, sind schon an der Tür.
Sie blickt sich um. Es steckt kein Schlüssel in der Tür, es gibt keinen Schrank oder irgendetwas, worin sich Kurt verstecken könnte.
Dazwischengeschnitten – Nahaufnahme: Glattpolierte Männerschuhe, wie sie die Treppen heraufkommen.*
ELLIE Mein Vater! (*bleich*) Mein Gott, was tun?
Kurt versucht, es scherzhaft zu sehen, zuckt mit den Schultern in einer Da-können-wir-wohl-nichts-machen-Geste. Aber ihr Blick enthält so viel Verzweiflung, dass er wildentschlossen das Fenster aufreißt, sich auf das Fensterbrett stellt und mit einem weiten Satz nackt bis zur Tanne springt, die in drei Metern Entfernung steht.

Nach dem ersten Schreck blickt sie sich im Zimmer um, sieht den Anzug daliegen, schaufelt ihn in einer schnellen Bewegung auf, wirft ihn im gleichen Schwung aus dem Fenster, springt ins Bett, zieht die Decke über sich und stellt sich schlafend.
Kaum eine Sekunde später öffnet sich die Tür. Und herein kommt: Carl Seeband. Ein wenig älter, aber genauso kontrolliert und präzise. Er sieht Ellie dort liegen, blickt auf das offene Fenster, geht hin, schließt es, geht zu Ellie, betrachtet sie einen Augenblick, beugt sich hinunter wie zu einem Kuss, pustet aber nur die Kerze aus. Dann verlässt er das Zimmer.

Villa Seeband, Tanne am Eingang

Kurt klettert von Ast zu Ast hinunter. Es sind sicher neun Meter.
FRAUENSTIMME *(off-screen, kühl)* Gute Nacht, Frau Hellthaler.
Gleichzeitig tritt Frau Seeband, eine elegante, attraktive blonde Frau von Ende vierzig, vor die Tür, um zwei Taschen zu holen, die sie dort hat stehen lassen. Da sieht sie verschiedene Kleidungsstücke dort liegen, greift verwundert nach der Hose, hebt den Blick zum Baum vor ihr, dessen Äste verdächtig zittern.

Villa Seeband, Tanne

Kurt ist auf dem untersten Ast angelangt, springt den letzten Teil hinunter, rollt ab, steht auf und findet sich auf einmal splitterfasernackt von Angesicht zu Angesicht der hocheleganten, im Dior-artigen Kostüm mit Pelzkragen und Hut sehr bekleideten Frau Seeband gegenüber. Sie blickt ihm erstaunt, neugierig und ein bisschen ironisch ins Gesicht. Nicht ohne Sympathie.
Sie hat alles aufgesammelt, sogar die Unterhose und die Socken, und überreicht ihm die Kleider wortlos. Er nimmt sie ebenso wortlos entgegen, blickt sie einen Moment länger an, als vielleicht sein müsste, und rennt von dannen. Frau Seeband nimmt die Taschen und geht zurück ins Haus.

Villa Seeband, Entree, weiter

Wie sie eintritt, kommt ihr Mann gerade die Treppe herunter. Sie lässt sich nichts anmerken.
FRAU SEEBAND Elisabeth?
SEEBAND Schläft fest. Hatte eine brennende Kerze angelassen – wann wird sie endlich erwachsen?!
FRAU SEEBAND Ja, die Jugend ...
Es klingt mehr wehmütig als missbilligend.

Kunstakademie Dresden, Mensa, Tag

Kurt sitzt da und isst mit einigen Freunden zu Mittag. Sein Gesicht weist einige sichtbare Kratzer von dem Abstieg auf.
STUDENT I Na komm schon ... Freunde erzählen sich so was.
KURT Wenn ich es euch doch sage. Es war bei der Gartenarbeit.
MAX Ja, solche Gartenarbeit kenn ich. Du scheinst aber wirklich einen grünen Daumen zu haben.
Plötzlich tritt in eng geschnittener Hose und einem weichen rosafarbenen Angorapullover, der die Formen betont, Ellie an seinen Tisch. Kurt blickt auf und errötet.
MAX (*sotto voce*) Aah, da kommt sie ja schon, deine Gartenarbeit. (*zu den anderen Freunden*) Kommt, Jungs, Aufbruch!
Ellie versucht, durch Dynamik ihre Unsicherheit zu überspielen. Die Freunde erheben sich und gehen unter praktischen Vorwänden. Ellie setzt sich, beschließt, der Unsicherheit zwischen Kurt und ihr gar keinen Raum zu geben.
ELLIE Danke, dass du für meinen Ruf dein Leben riskierst. Aber mach bitte nie wieder etwas so Wahnsinniges.
Kurt versucht, verwegen zu lächeln. Dann muss er aber seine Sorge loswerden.
KURT Haben deine Eltern ...

ELLIE Sie haben nichts gemerkt. Gar nichts.
Kurt staunt still über Ellies Mutter.
ELLIE Sie ziehen zurück nach Dresden. Mein Vater bekommt seinen alten Posten als Klinikdirektor wieder. Er muss aber noch ein Zimmer vermieten. Weil er sonst ins Visier der Wohnraumlenkungsbehörde kommt. Er will morgen ein Schild aufhängen.
KURT Aber ihr habt doch die Tanzschule?
ELLIE Die hat doch nur die erste Etage. Wir haben oben noch sieben Schlafzimmer. Für mich, die Eltern und Papas »Sekretärin«.
Sie spricht das Wort mit einem leicht verächtlichen Unterton. Dann blickt sie Kurt ganz offen ins Gesicht.
ELLIE Hättest du vielleicht Lust, das Schild als Erster zu entdecken, ganz zufällig?
Durch die Äste der großen Bäume vor den Fenstern fällt starkes Sonnenlicht auf Ellie. So sind auf ihrem Gesicht und Körper gleißende Helligkeit und Blätterschatten an hundert Stellen direkt nebeneinander. Ein Gemälde. Kurt kann sie nur anstarren.

ELLIE Dass ich mich dann in einen von ihnen ausgewählten Mieter verliebe, das können sie mir doch nicht verübeln.
KURT Und ... Deine Mutter? Wird die nicht etwas ahnen?
ELLIE Ach, Mamachen! So ein unschuldiges Gemüt ... Um die musst du dir keine Sorgen machen. Die kriegt gar nichts mit. Wirklich, gar nichts.
Ihrer Intonierung entnimmt man, dass es vielleicht auch über Seeband etwas mitzubekommen gäbe.

Villa Seeband, Tag

Seebands Sekretärin, Frau Hellthaler, öffnet die Tür.
FRAU HELLTHALER Ja?
KURT Ich melde mich auf das Schild. Ist das Zimmer noch zu vermieten?
FRAU HELLTHALER Wir haben das Schild vor einer Viertelstunde aufgehängt.
KURT Heißt das: Ja?
Sie winkt ihn herein, deutet ihm einen Stuhl, auf den er sich setzen soll.

Villa Seeband, Eingangsbereich

FRAU HELLTHALER *(ruft)* Frau Seeband. Es gibt einen Interessenten für das Zimmer.
FRAU SEEBAND *(ruft hinunter)* Das ging ja schnell.
Sie kommt die Treppe herunter, elegant gekleidet. Man versteht, woher Ellie ihre Mode-Begabung hat. Kurt erhebt sich, fast unwillkürlich, wagt es aber kaum, ihren Blick zu erwidern. Sie verlangsamt kurz ihren Schritt, als sie ihn erkennt, geht dann aber gleich weiter.
FRAU SEEBAND Das ging wirklich schnell.
Sie hält ihm die Hand hin. Er schüttelt sie, schüchtern wie ein Schuljunge.

KURT *(verlegen murmelnd)* Barnert, Kurt.
Sie betrachtet ihn neugierig. Frau Hellthaler steht noch dabei.
FRAU SEEBAND Was machst du denn beruflich?
KURT Ich bin Student.
FRAU SEEBAND Mode.
KURT Malerei.
FRAU SEEBAND Malerei ...
Sie sagt es fast träumerisch und so weich, dass er endlich aufschaut. Man hört in der oberen Etage, wie eine Tür geöffnet wird und Männerschuhe zum Geländer gehen.
SEEBAND *(off-screen, aus der oberen Etage, herrisch)* Frau Hellthaler. Bitte kommen Sie herauf.
FRAU SEEBAND *(ruft hinauf, allweil den Blick auf Kurt haltend)* Carl, hier ist ein Mieter für das Zimmer. Komm doch einmal.
Seeband kommt die Treppe herunter, mit gesteuerter Präzision, mit Lesebrille und einem offenen Aktenordner. Er blickt Kurt an. Kurt blickt direkt zurück.
Seebands Subjektive: Kurts Gesicht, in dem die Unterlippe kaum merklich zuckt.
Kurts Subjektive: Seeband verengt die Augen in professionellem Prüfmodus. Seeband ist unten angekommen, geht auf Kurt zu, stellt sich ihm direkt gegenüber.
SEEBAND Du hast ja facialis.
Kurt versteht nicht.
SEEBAND Facialisparese – Partielle Gesichtslähmung. *(Er zeigt mit dem Finger auf seinen Mund)* Der herunterhängende Mundwinkel. Hattest du einmal einen Unfall oder eine Borreliose?
Kurt bemüht sich, den Mundwinkel zu begradigen. Frau Seeband nimmt ihrem Mann den Aktenordner aus der Hand, reicht ihn Frau Hellthaler.
FRAU SEEBAND *(den Ordner Frau Hellthaler reichend)* Seien Sie so gut, bringen Sie das doch hinauf ins Büro. Dann kann mein Mann noch kurz mit dem Mieter sprechen.
Frau Hellthaler geht.

FRAU SEEBAND (*zu Kurt*) Mein Mann ist Arzt, aus Leidenschaft – da bekommt man auch schon einmal eine Gratis-Diagnose.
SEEBAND Du solltest das untersuchen lassen. Kortison kann helfen. Sonst bleibt die Chirurgie.
FRAU SEEBAND (*zu ihrem Mann*) Kurt kommt mit den besten Empfehlungen. (*Kurt blickt erstaunt*) Wir haben uns schon über die Miete verständigt. Aber natürlich ist es deine Entscheidung, ob er das Zimmer bekommt.
Seeband betrachtet ihn. Kurts direkter Blick gefällt ihm nicht.
FRAU SEEBAND Kurt will Maler werden.
KURT Ich bin Maler.
SEEBAND Unsere Fassade beginnt abzublättern. Vielleicht können wir da etwas verrechnen.
KURT Ich bin nicht die Art von Maler.
SEEBAND Was für einer bist du denn?
KURT Bildermaler.
SEEBAND Sozialistischer Realismus?

KURT Gibt es etwas anderes?
SEEBAND Ich hoffe nicht.
Frau Seeband blickt sanft und um Sanftmut bittend zu ihrem Mann. Nur so kann sie ihn erweichen.
SEEBAND Du bekommst das Zimmer trotzdem.
KURT Danke, Herr Seeband.
SEEBAND Professor Seeband, bitte.

Villa Seeband, Ellies Zimmer, Nacht

Ein paar brennende Kerzen und ein paar Gläser Wein stehen neben dem Bett. Geräuschloser, leidenschaftlicher Sex. Ellie ist obenauf und hält Kurt den Mund zu, als ihm ein kleiner Laut entfährt. Kurt lacht. Sie hält ihn noch fester zu. Es wird Teil des Liebesspiels. Sie wälzen sich im Bett übereinander, lachen lautlos.

Villa Seeband, Frau Hellthalers Zimmer, zur gleichen Zeit

Aufsichtig: Wir sehen den muskulösen nackten Rücken eines Mannes beim Geschlechtsakt. Ebenso lautlos. Die Kamera bewegt sich hinunter und zur Seite. Wir erkennen, dass es Carl Seebands Rücken ist. Unter ihm Frau Hellthaler, in die er eindringt. Sie blickt ihn an mit einem Ausdruck irgendwo zwischen Hingebung, Erregung und Verzweiflung.

Villa Seeband, Treppenhaus/Gänge, Nacht

Kurt schleicht, mit den Schuhen in der Hand, die Treppe hinunter, den Gang entlang. Er macht tatsächlich fast keinen Laut. Als er gerade mit großer Vorsicht langsam die Klinke an seiner Tür hinunterdrückt, geht die Tür des Zimmers gegenüber auf – Seeband tritt heraus, Frau Hellthaler nackt im Hintergrund. Alles eröffnet sich Kurt in einem einzigen unwillkürli-

chen Blick. Seeband bewahrt vollkommene Haltung. Und die Oberhand.
SEEBAND Was bist du so spät noch auf?
KURT Ich ... war noch aus.
Seeband atmet kurz ein, wittert.
SEEBAND Alkohol? Das kann deiner Arbeit nicht gerade zuträglich sein. Sieh, dass du ins Bett kommst.
Seeband schließt die Tür und schreitet ohne sich nochmal umzusehen die Treppe hinauf. Nach einem Moment geht Kurt wie geplant in sein Zimmer.

Villa Seeband, Elternschlafzimmer, Nacht

Frau Seeband liegt von der Tür abgewandt mit offenen Augen im Doppelbett. Man erkennt in ihrem Ausdruck Trauer, aber auch ihre Liebe für Seeband. Er weiß, dass sie wach ist.
SEEBAND Dieser Kurt gefällt mir nicht. Wir müssen zusehen, dass Ellie nicht zu freundlich wird mit ihm.
FRAU SEEBAND (*still*) Warum?
SEEBAND Damit sie eine gute Partie machen kann, natürlich. (*freundlich*) So wie du eine gute Partie gemacht hast.
Er legt sich neben sie ins Bett, legt eine Hand auf ihre Seite. Nach einem Moment der Starre legt sie ihre Hand auf seine, trotz allem dankbar für diesen kleinen Liebesbeweis.

Villa Seeband, Kurts Zimmer, Tag

Strahlend heller Sonnenschein dringt durch die Fenster. Kurt kommt in sein Zimmer und findet Seeband dort vor, der ungeniert seine Bilder betrachtet.
KURT Professor Seeband, wegen gestern, ich werde natürlich niemandem ...
Aber Seeband will gar nichts hören. Bleibt obenauf.
SEEBAND (*unterbricht ihn*) Du hast ein neues Sujet. Mich. Für die Direk-

toren-Galerie. (*er deutet auf ein unfertiges Lenin-Pastell*) So ungefähr, in dem Stil. Wir beginnen morgen 16 Uhr. In meinem Büro in der Klinik.
Er verlässt den Raum.

Frauenklinik Dresden, Ordination Seeband, 16 Uhr

Kurt wird von einer Sekretärin hineingeführt.
SEKRETÄRIN Der Herr Professor kommt gleich. Sie können inzwischen dort Platz nehmen.
Sie geht. Seebands Ordination, sieben Jahre nachdem wir sie zuletzt gesehen haben. Der Schreibtisch steht noch am alten Ort. Der Rest ist inzwischen renoviert, so etwa im Stil der Vorstandsbüros der Fünfziger. Ein hölzernes Mende-Radiogerät steht auf einem Ecktisch. Kurt schreitet den Raum ab, betrachtet den Stuhl, die Wände, mit einer Intensität, fast als spürte, als ahnte er etwas. Seeband kommt herein.
SEEBAND Ich hatte mir gedacht, du stellst hier deine Staffelei auf.
Er hat schon alles inszeniert. Den perfekten Hintergrund mit dem Erker und einigen medizinischen Diagrammen. Kurt baut alles so auf wie gewünscht. Seeband schaltet das Radio ein. Nachrichten.
RADIOSPRECHER (*voice-over, im Brustton sachlicher Empörung*) Da das Volk der DDR einmütig den Frieden und die Einheit Deutschlands wünscht, hat Ministerpräsident Grotewohl der Bonner Regierung Vorschläge zur Durchführung freier gesamtdeutscher Wahlen gemacht. Diese Vorschläge wurden von den Westmächten und der Adenauer-Regierung in Befolgung ihrer Kriegspolitik abgelehnt.
Seeband nimmt eine gekonnte Pose ein, die Hände locker in die Taschen des Jacketts gesteckt. Er weiß, so wie er sich hinstellt, so wie er dreinblickt, wirkt er attraktiv, klug, verständnisvoll, locker. Der perfekte Arzt, Klinikdirektor und Mann. Und hält die Pose so gleichbleibend, wie es sich ein Maler nur erträumen kann. Kurt zeichnet mit Kohle zunächst die Umrisse auf die Leinwand.
RADIOSPRECHER (*voice-over*) In weiterer Befolgung ihrer Kriegspolitik

haben die Bonner Regierung und die westlichen Besatzungsmächte an der Demarkationslinie einen strengen Grenz- und Zolldienst eingeführt, um sich von der Deutschen Demokratischen Republik abzugrenzen und dadurch die Spaltung Deutschlands zu vertiefen.
Jetzt erkennt man auf der Leinwand schon gut, wie ähnlich Kurts Bild der von Seeband inszenierten Szene wird.
RADIOSPRECHER (*voice-over*) Das Fehlen eines entsprechenden Schutzes der DDR wird von den Westmächten dazu ausgenutzt, um in immer größerem Umfange Spione, Terroristen und Schmuggler in unser Gebiet zu schleusen. Diese haben nach Ausführung ihrer verbrecherischen Aufgaben bislang leicht die Möglichkeit, ungehindert über die Demarkationslinie nach Westdeutschland zurückzukehren.
Kurt beginnt, Farbe aufzutragen.
RADIOSPRECHER (*voice-over*) Deshalb sehen wir uns gezwungen, Maßnahmen zu ergreifen, die die Verteidigung der friedlichen Interessen der Bevölkerung der Deutschen Demokratischen Republik zum

Ziele haben. Mit diesen Maßnahmen wurde das Ministerium für Staatssicherheit betraut.
Nach einer Stunde blickt Seeband auf die Uhr und erhebt sich, tritt neben Kurt, betrachtet die Leinwand.
SEEBAND So hatte ich mir das vorgestellt. Sehr gut. Morgen 16 Uhr machen wir weiter. Drei Sitzungen sollten reichen?

Villa Seeband, Ellies Zimmer

Ellie ist nackt im Bett, halb unter dem Laken, rekelt sich verführerisch. Kurt sitzt auf ihrem Sofa und blättert die Familienfotoalben durch.
ELLIE Warum schaust du dir diese furchtbaren alten Bilder an? Ich sehe schrecklich darauf aus. Komm lieber her.
Aber Kurt hört sie gar nicht. Er betrachtet ein Bild, wo Seeband am Strand vornübergebeugt die Arme um seine vor ihm stehende Frau und um Ellie hält.
Nah: Seebands Gesicht auf dem Foto.
ELLIE (*voice-over, enttäuscht*) Du schaust gar nicht auf mich …
Sie ist zu ihm herübergekommen, blickt ihm über die Schulter.
KURT Warum hat selbst das dümmste Amateur-Foto mehr Wirklichkeit als mein Gemälde?
ELLIE Papa gefällt es.
KURT Das ist es ja gerade. Fast niemand mag ein Foto von sich. Jeder soll ein Gemälde mögen. Da muss doch das Foto wahrer sein.
Kurt blättert weiter. Fotos von Seeband mit der Klinik-Belegschaft.
KURT Warum ist dein Vater eigentlich nach Chemnitz gegangen? Er war schon vorher Direktor hier.
Ellie antwortet nicht. Kurt wartet.
ELLIE Er will nicht, dass wir davon sprechen …
Kurt wartet.
ELLIE (*widerwillig, gequält*) Papa hat damals die Frauen von Göring und Goebbels behandelt …
Reaktion Kurt.

ELLIE (*schnell*) … weil er halt der beste Frauenarzt ist … Sie sind zweihundert Kilometer aus Berlin angereist, als ob dort niemand einen Zellabstrich beherrscht … Das muss man sich einmal vorstellen. Sie haben ihn deshalb zum Ehrenmitglied der SS gemacht. Er konnte das nicht ablehnen. Aber nach dem Krieg war es den Russen natürlich schwer zu vermitteln, dass er sonst nichts mit den Nazis zu tun hatte. Sie haben die ganzen Archive durchkämmt, aber nichts gegen ihn gefunden.
Kurt blickt noch einmal auf das Bild. Vielleicht hat er etwas Falsches hineininterpretiert. Dann schließt er das Album, kann sich aber immer noch nicht auf Ellies Liebkosungen einlassen.
KURT Der Professor hat mich heute einen »Künstler Typ Willi Sitte« genannt.
ELLIE Das ist doch gut. Der ist doch erfolgreich.
KURT (*verächtlich, mehr für sich*) Typ Willi Sitte … Ich glaube, ich muss hier raus.
ELLIE Wo raus?
Doch sie weiß genau, was er meint.
ELLIE (*erschrocken*) Das meinst du nicht ernst … Es läuft doch alles so gut für uns … Ich könnte Mamachen nicht verlassen.
Kurt blickt nachdenklich vor sich hin.
ELLIE Das hast du nur so gesagt, oder?
Sie nimmt sein Schweigen für Zustimmung, küsst ihn. Jetzt küsst er zurück.

Kunstakademie Dresden, Tag

Titeleinblendung auf Bild: »1956«

Professor Grimma fängt Kurt am Eingang ab.
PROFESSOR GRIMMA (*aufgeregt*) Deine Diplomarbeit hat die Delegation überzeugt. Sie haben dich ausgewählt, das Wandfresko für das neue Hygiene-Museum zu malen. Thema: »Sozialistische Lebens-

freude.« (*freundlich, ein Geständnis*) Ein Auftrag, den auch mancher Professor gerne gehabt hätte.
KURT Wandmalerei?
PROFESSOR GRIMMA Ja.
KURT Ich bin kein Wandmaler.
PROFESSOR GRIMMA Kurt, wir wissen beide, dass du es kannst.
KURT Es tut mir leid. Das ist nichts für mich. Das ist reine Dekoration.
PROFESSOR GRIMMA (*verständnislos*) Du hättest auf einen Schlag Arbeit. Sogar Geld.
KURT Das bin nicht ich.
PROFESSOR GRIMMA (*enttäuscht*) Ich. Ich. Ich.
Der Professor geht.

Villa Seeband, Ellies Zimmer, Nacht

Ganz still und bewegungslos liegen Kurt und Ellie aufeinander auf dem Bett, mit zur Seite ausgestreckten Armen. Sie liegen Brust gegen Brust, Bauch gegen Bauch, Arm auf Arm. Sie atmen noch schwer. Kurt legt seine Hand so, dass auch noch jeder Finger gleich liegt. Sie küsst ihn.
KURT (*flüstert*) Nein, nicht bewegen ... Bitte.
Sie liegt wieder still. Ihre Wange gegen seine Wange.
KURT (*flüstert*) So kann ich mir vorstellen, dass wir ein Körper sind.
Einige Momente gemeinsamen Atmens. Stille.
ELLIE (*flüstert*) Ich bin schwanger.
Kurt zeigt keine Reaktion.
KURT (*flüstert*) Dann gehörst du jetzt ganz mir.
Sie blickt ihn befremdet an. Das ist nicht die Reaktion, die sie erwartet hat.
KURT (*ernst lächelnd*) Ganz zu mir, meine ich.
Sie rollt zur Seite, küsst ihn, sieht ihn an.
KURT Wir müssen es ihnen sagen, Ellie.
ELLIE Vielleicht erst einmal, dass wir überhaupt zusammen sind. Den Schock in kleine Schläge aufteilen?

KURT Ich glaube, deine Mutter ahnt schon etwas ...
ELLIE Es ist nicht Mama, die mir Sorgen macht. Papa wird aus allen Wolken fallen. Für ihn werde ich immer zwölf Jahre alt sein.

Villa Seeband, Elternschlafzimmer, zur gleichen Zeit

Seeband liegt auf dem Bett, macht sich auf einem Block Notizen. Er weiß, dass seine Frau noch nicht schläft.
SEEBAND Ich glaube, Ellie ist schwanger.
FRAU SEEBAND Was??
SEEBAND Ihre Handtemperatur ist seit einigen Wochen leicht erhöht, aber keine Erkältungssymptome. Sie war während des Abendessens gestern zweimal austreten, hat beim Frühstück ihren Haferbrei nicht angerührt und sich am Stuhl festgehalten, als sie aufgestanden ist ... Dritter Monat, würde ich sagen. Vielleicht sogar vierter.
FRAU SEEBAND Mein Gott, sie ist doch selbst noch ein Kind!
SEEBAND Ihr Alter ist nicht das Problem, sondern der Mann.
FRAU SEEBAND Aber wer?
Doch der Blick ihres Ehemannes sagt deutlich: Erspare mir das Theater.
SEEBAND Leptosome, Melancholiker, starker Raucher, Sohn eines Mannes, der sich das Leben nimmt, weil er ein paar Treppen putzen musste. Mein Vater hätte so etwas »Hegeabschuss« genannt. Das ist nicht die Erbmasse, die ich unseren Nachkommen wünsche. Wir müssen es unterbinden.
FRAU SEEBAND Aber wie?
SEEBAND *(sachlich)* Nach dreißig Jahren in der Gynäkologie weiß ich: Ein Abort hat noch fast jeder Liebelei ein Ende setzen können.

Museum für Hygiene, Eingangshalle, Tag

Kurt, auf einem hohen Gerüst, malt an dem Fresko »Lebensfreude«. hat eine Vorlage mit verschiedenen Zeichnungen, darunter eine Skizze von El-

lie im weißen Badeanzug. Er hat dem Bauch eine Wölbung wie von einer Schwangerschaft gegeben. Die echte Ellie kommt herein, will ihn rufen, besinnt sich aber im letzten Moment, beobachtet ihn stattdessen eine Weile bei der Arbeit. Er ist versunken, zufrieden. Nach einigen Momenten geht sie wieder.

Restaurant Luisenhof, Abend

Ein gediegenes Restaurant mit Teppich, livrierten Kellnern und einem Streichquartett. Ellie hat Kurt sogar eine modische Krawatte verpasst. Seeband erzählt eine medizinische Anekdote.
SEEBAND ... der Psychotiker glaubt, dass zwei plus zwei fünf sind, während der Neurotiker schon weiß, dass es vier ergibt – nur besorgt es ihn halt.
Frau Seeband, Ellie und Kurt lachen höflich.
ELLIE Es gibt etwas, was wir euch sagen möchten ...

SEEBAND *(schnell)* Über eure Akademie? Das interessiert mich immer sehr.
ELLIE Nein ... obwohl ... auch über die Akademie. Kurt ist nämlich mit dem Wandgemälde im Hygiene-Museum beauftragt worden.
SEEBAND *(zu Kurt)* Also doch Wände?
KURT Es ist ein Fresko, zum Thema »Lebensfreude«.
ELLIE Und apropos Lebensfreude ...
Seeband ist ganz still geworden. Kurt und Ellie sagen auch nichts.
SEEBAND Was gibt es, Kind? Bitte nichts allzu Unangenehmes – schone meine Nerven.
ELLIE Wir sind ... zusammen.
SEEBAND Du arbeitest auch an dem Fresko?
ELLIE Wir sind ein Paar. Schon seit einiger Zeit.
SEEBAND Ein Paar Studenten.
ELLIE Ein ... Liebespaar.
Seeband gibt sich sehr mitgenommen. Er blickt wie hilfesuchend zu seiner Frau, deren Ausdruck aber eher zu sagen scheint: Treib es nicht zu weit.
ELLIE Und es gibt noch ...
SEEBAND *(sie unterbrechend, wie überwältigt von Emotion)* Das sind ja ... große ... Neuigkeiten.
ELLIE Ja, und dann gibt es auch ...
SEEBAND Mein Gott, das muss ich erst einmal verdauen. Mein Gott ... das kam jetzt wirklich sehr unvermittelt ...
Er beginnt zu husten, greift nach dem Wasserglas. Es ist leer.
ELLIE *(zum Kellner)* Bitte, bringen Sie dem Herrn Professor etwas Wasser, schnell!
Seeband trinkt. Dann blickt er die beiden milde lächelnd an.

Dresdener Straßen, Nacht

Man geht zu Fuß nach Hause. Die Frauen voraus. Die Männer bleiben zurück, um noch etwas zu sprechen.

SEEBAND Ich bin froh, dass ihr es uns gesagt habt, Kurt. Und früh gesagt habt. Es gibt nämlich etwas über Ellie, was du wissen musst.
Sie gehen ein paar Schritte schweigend.
SEEBAND Wir wollten Ellie nicht unnötig beunruhigen, daher haben wir es ihr nie richtig dargelegt, aber … Ellie hatte als Kleinkind eine schwere Entzündung im Beckenraum, die zu Narbengewebe in den Eileitern und damit zu erheblichem Zilienschaden geführt hat.
KURT Zilien …?
SEEBAND Zilien sind die Flimmerhärchen der Eileiterschleimhaut, die die befruchtete Eizelle zur Gebärmutter transportieren.
Kurt versteht nicht.
SEEBAND Wir suchen zurzeit nach einem Weg, das operativ zu beheben. Wenn sie aber davor schwanger würde, wäre die Chance einer Extrauteringravität – einer ektopen Schwangerschaft – einer Eileiterschwangerschaft – sehr hoch. Die wiederum könnte zu schweren inneren Blutungen führen.
Kurt wird blass.
SEEBAND Ich muss dich also warnen – aus anderen Gründen, als sonst Väter von Töchtern einen jungen Mann warnen –, mit ihr nicht intim zu werden, bis wir diesen Umstand beheben konnten. Eine Schwangerschaft zum jetzigen Zeitpunkt könnte für Ellie lebensbedrohlich werden.
Seeband beobachtet Kurt, der wortlos neben ihm herläuft.
SEEBAND Du hast mich verstanden? Lebensbedrohlich.
Kurt blickt zu den in einiger Entfernung vor ihm laufenden Frauen. Ellie spürt den Blick, dreht sich um und wirft Kurt eine verstohlene Kusshand zu. Kurt lächelt ernst. Sie laufen weiter.
KURT (*es kostet ihn viel Überwindung*) Und wenn sie schon schwanger wäre?
SEEBAND (*tut erschrocken*) Dann müsste ich sie sofort untersuchen.
Seeband bleibt stehen. Kurt geht ein paar Schritte weiter, bleibt dann auch stehen, dreht sich zu Seeband zurück, der fragend dasteht. Kurt nickt ernst. Die Frauen haben auch gemerkt, dass etwas geschehen ist. Sie bleiben stehen und blicken verwirrt zu den Männern.

Villa Seeband, Flur vor dem Badezimmer, am nächsten Morgen

SEEBAND (*voice-over*) Noch ist kein Grund zu verzweifeln: Es kann gut sein, dass bei der Einnistung alles richtig gelaufen ist und ich bald stolzer Großvater bin.
Kurt läuft nervös vor der Badezimmertür auf und ab, raucht jetzt ganz offen im Haus. Die Tür geht auf, und Seeband, im Arztkittel, mit Gummihandschuhen, kommt heraus. Noch ist er abgewandt. Durch den Türspalt sieht Kurt, dass Ellie mit dem Oberkörper auf dem Boden der leeren Badewanne liegt, auf dem Rücken, ihre Schenkel gespreizt und nach oben gestreckt, die Knie gebeugt, die Waden auf zwei Hockern abgelegt. Dazwischen ein leerer Stuhl mit einer Arzttasche. Frau Seeband sitzt daneben und streicht ihrer Tochter liebevoll übers Gesicht. Seeband schließt mit ernster Miene die Tür, geht Richtung Arbeitszimmer. Kurt folgt ihm.
SEEBAND Ich muss sofort handeln. Die Schwangerschaft ist deutlich weiter fortgeschritten als ich gefürchtet hatte – es ist bereits der dritte Monat.

Villa Seeband, Seebands Arbeitszimmer

Sie sind im Arbeitszimmer angekommen. Seeband nimmt ein steriles Tuch aus dem Fach eines Schubladenschranks, legt darauf zwei Zangen, verschiedene Curetten, Dilatatoren – alle Werkzeuge, die man für eine Abtreibung braucht.
KURT Eine ... Abtreibung?
SEEBAND Wenn ich den Fötus nicht entferne, wird sie die Schwangerschaft nicht überleben.
KURT Hier?
SEEBAND Wir haben einen Ruf zu wahren.
KURT Ist es wirklich der einzige Weg? Wirklich?

SEEBAND *(mit größtmöglicher Kälte)* Zweifelst du meine Fachkenntnisse an?
Kurt antwortet nicht. Das macht Seeband noch kälter.
SEEBAND Würde ich mir so etwas zumuten … und meiner Tochter! …, wenn es nicht sein müsste?
Seeband geht zurück in das Badezimmer. Kurt bleibt im Flur, hört leises Schluchzen hinter der Tür. Stellt die Tür unscharf …

Villa Seeband, Esszimmer, Abend (ohne Ton)

In dem schönen, in weißem Holz getäfelten Esszimmer sitzen alle zusammen: Ellie ist bleich und dünn; in Kurts Blick liegt stille Wut; Frau Seeband blickt schuldbewusst und Frau Hellthaler in gefasster Verzweiflung. Der Einzige, der beherzt isst und redet, ist der Professor.

Villa Seeband, Ellies Zimmer, Nacht

Ellie liegt ohne Kissen flach in ihrem Bett wie auf einer Totenbahre. Kurt sitzt mit dem Rücken gegen die Wand neben ihr. Ellie verzieht keine Miene, aber die Tränen laufen ihr in stillem Fluss die Wangen hinunter.
ELLIE *(monoton)* Er hat sich eine SS-Uniform schneidern lassen. Hat stundenlang Posieren geübt darin, vor dem Spiegel, bis er wusste, wie er gut darin aussieht.

Villa Seeband, Seebands Arbeitszimmer, Rückblende

Seeband vor dem Spiegel. Eine sechsjährige Ellie kommt herein, schaut zu.
ELLIE *(voice-over)* Es war ihm egal, dass ich es sehe – ich war klein. Auf der Mütze war ein grinsender Totenkopf. Aus Silber. Ein Totenkopf.
Nah: silberner Totenkopf auf der SS-Mütze. Sie liegt auf dem Stuhl genau in Ellies Höhe. Das Kind blickt verstört darauf.

ELLIE (*voice-over*) Ein Arzt soll doch heilen. Er soll doch heilen.

Back to:

Villa Seeband, Ellies Zimmer, Gegenwart

ELLIE (*verzweifelt*) Werde ich ihm immer ausgeliefert sein?
Jetzt weint sie richtig.
KURT Du bist ihm nicht ausgeliefert. Du bist ein freier Mensch.
ELLIE (*bitter*) Nein, da irrst du dich. Ich bin die Tochter von Carl Seeband. So haben sie mich erzogen. Genau wie sie dich erzogen haben, zu malen wie Willi Sitte.
Darauf kann Kurt nichts erwidern.
ELLIE Aber wir werden immer zusammenbleiben, nicht wahr? Wir werden immer zusammen sein, ja? Uns – uns beide – das können sie uns nicht nehmen ... Das dürfen sie uns nicht nehmen.
Kurt umarmt sie fest. Sie weint an seiner Brust.

Frauenklinik Dresden, Eingangsbereich, Abend

Feierliche Veranstaltung mit einhundert Ärzten und Würdenträgern in Anzügen. Einige uniformierte Sowjets. Dazwischen Kurt, Ellie und Frau Seeband, die neben ihrem Mann steht. Der Gesundheitsminister der DDR hält nämlich gerade eine Rede auf ihn:
GESUNDHEITSMINISTER ... ein begnadeter Arzt, ein Humanist, ein Mitgestalter unserer sozialistischen Republik – kurzum: ein Vorbild für alle Mitglieder seiner Zunft. Den ich deshalb an diesem 11. Dezember, am Tag des Gesundheitswesens der DDR, mit der Robert-Koch-Medaille und dem Titel »Verdienter Arzt des Volkes« auszeichnen darf.
Mit feierlicher Miene legt er Seeband das Band mit der bronzenen Medaille um den Hals, überreicht ihm eine Urkunde, eine kleine Schachtel und einen Umschlag. Applaus.

GESUNDHEITSMINISTER (*zu Seeband*) Hier ist eine kleine Version, für täglich. Und eine Urkunde zum Rahmen. (*und lächelnd, flüsternd, den Umschlag betreffend*) Und Achtung damit – da sind 8000 Mark drinne!
Seeband tritt an das Rednerpult.
SEEBAND Danke, Herr Minister, für diese freundlichen Worte, die ich keineswegs verdiene.
Er begegnet dem Blick seiner Tochter, die ihn ohne Liebe ansieht. Sie steht in der Direktorengalerie – den Gemälden der Klinik-Direktoren der letzten Jahrzehnte. Die Gemälde sind sich alle sehr ähnlich. Kurts Arbeit fügt sich unauffällig und nahtlos ein – handwerklich gut gemacht.
SEEBAND Ich tue als Arzt und Mitglied der Gesellschaft lediglich meine Pflicht. Ich bin ein Rad im großen Getriebe der sozialistischen Weltbewegung, ganz wie der Maler dieses ebenfalls viel zu schmeichelhaften Porträts von mir nur ein kleines Rad ist, im Stile ununterscheidbar von den anderen Malern hier …

Kurt hält mit unlesbarem Gesichtsausdruck Seebands Blick stand.
SEEBAND ... wie alle nur kleine Räder eines großen Apparates sind, der mit Hilfe der Sowjetunion auf ein großes gemeinsames Ziel zusteuert: den Kommunismus. Danke.
Applaus. Einige Gratulanten gehen auf Seeband zu. Kurt steht mit Ellie in der Nähe seines Gemäldes, überhört zwei Männer, die sich hinabbeugen und durch ihre Brillen das Bild beäugen.
WÜRDENTRÄGER 1 *(zu einem anderen)* Von wem ist es?
WÜRDENTRÄGER 2 Steht nicht dran. Willi Sitte, wahrscheinlich. Einer von denen.
WÜRDENTRÄGER 1 Ich frage mich nur, wann sich herumsprechen wird, dass Herr Eastman einen Apparat erfunden hat, der sowas von selber macht – und besser!
Die Herren lachen, gehen weiter. Ellie und Kurt sprechen nicht miteinander. Sie beobachten, wie Herr und Frau Seeband am anderen Ende des Raumes Glückwünsche entgegennehmen. Etwas weiter abseits steht ganz allein Frau Hellthaler. Auch sie beobachtet das Ehepaar Seeband. Zwischen den Gratulanten sehen sie einen der uniformierten Sowjets, einen schlanken, gutaussehenden Mann, auf Seeband zugehen und ihm leise etwas ins Ohr sprechen. Einen kleinen Moment lang ist Seeband wie betreten, dann nickt er dem Russen zur Antwort kurz zu. Der geht weiter. Frau Seeband fragt ihn offensichtlich danach.
Reverse angle: Wir sind bei den Seebands.
SEEBAND Ich soll morgen in die KGB-Zentrale kommen. Mehr hat er nicht gesagt.
Da merken die beiden, dass Kurt und Ellie sie von der anderen Seite des Raumes beobachten. Frau Seeband nickt in ihre Richtung, wie zum Gruß.
FRAU SEEBAND *(durch ihr Lächeln, streng)* Der Plan scheint auch nicht aufgegangen zu sein. Sie sind sich näher als zuvor.
SEEBAND Nur Geduld, Martha, nur Geduld.

KGB-Zentrale Berlin-Karlshorst, Tag

Eine graue Steinvilla, einschüchternde NS-Architektur. Davor eine sowjetische Wachmannschaft. Ein Taxi fährt vor, dem Seeband entsteigt. Die Wachleute überprüfen seine Papiere. Ein Adjutant wartet bereits auf ihn, führt ihn hinein.

KGB-Zentrale Berlin-Karlshorst, Büro des Generals, Tag

Seeband, die Robert-Koch-Medaillen-Miniatur am Revers, wird in das Büro von Alexander Michailowitsch Murawjow geführt. Murawjow ist um einige Jahre gealtert, seine Schulter um einen Generalsstern schwerer. Als er Seeband sieht, schickt er seinen jungen Adjutanden (derselbe, der Seeband bei dem Empfang die Botschaft überbracht hat) aus dem Zimmer. Erst als der gegangen ist, umarmt er Seeband und küsst ihn auf beide Wangen.

Der Rauch der russischen Zigarette macht Seeband immer noch zu schaffen.
MURAWJOW *(wirklich gerührt)* Carl, Carl ... *(es fällt ihm etwas ein)* Warte, ich muss dir etwas zeigen.
Er geht zum Schreibtisch, nimmt das gerahmte Bild von einem sehr hübschen dreizehnjährigen Jungen in die Hand und hält es Seeband hin. Der nickt anerkennend. Murawjow kommen die Tränen. Dann muss er lachen und küsst Seeband noch einmal auf beide Wangen. Auf einmal wird er ernst.
MURAWJOW *(auf Deutsch, was er inzwischen gut gelernt hat, mit schwerem Akzent)* Carl, ich werde versetzt. Zurück nach Russland. Ich werde dich nicht mehr schützen können.
Seeband blickt kaum merklich erschrocken.
MURAWJOW Alle anderen sind gefasst. Die Suchen nach Burghard Kroll und dem »ärztlichen Koordinator der Region Dresden bei der Durchführung der Euthanasie« *(eine Augenbewegung Richtung Seeband)* sind auf dem Papier noch offen. Ich kann nicht garantieren, dass mein Nachfolger nicht mit neuen Befragungen von Ärzten und Krankenschwestern beginnt.
Seeband blickt betroffen zu Boden.
MURAWJOW Du musst die DDR auch verlassen. Und nie wiederkommen. Stellen einen Ausreiseantrag für dich und deine Frau. Er wird genehmigt werden. Dr. von Braun baut jetzt Raketen für die Amerikaner. Deine SS-Vergangenheit interessiert unserer Beobachtung nach im Westen Deutschlands niemanden mehr ... Die Wahrheit werden sie nicht vermuten. *(trocken)* Unsere Seite hoffentlich auch nicht.
Man ahnt, welch große Opfer seine Treue zu Seeband den General gekostet hat.
MURAWJOW *(offen, ehrlich, vertrauensvoll)* Du kannst mir nicht etwas zu Kroll sagen? Wo er ist? Wer sonst noch bei euren Treffen dabei war? *(fast demütig)* Du würdest mir sehr helfen.
SEEBAND Ich habe den Herrn nie getroffen. Ich weiß nichts von ihm.
Der General nickt. Er weiß, dass Seeband lügt. Er blickt ihn etwas traurig an, streckt ihm dann die Hand hin.

MURAWJOW Wir werden uns nicht wiedersehen, mein Freund. Ich hoffe, meine Schuld ist damit bezahlt.
Auch Seeband reicht seine Hand.

Villa Seeband, Seebands Arbeitszimmer, Abend

Seeband sitzt hinter seinem Schreibtisch, Frau Hellthaler an ihrem kleinen Pult und nimmt ein Diktat auf.
SEEBAND … um einen Engpass in der Belegung zu vermeiden. Mit hochachtungsvollen Grüßen, Prof. Dr. usw.
Frau Hellthaler schreibt mit großer Geschwindigkeit ordentliche kleine Steno-Zeichen in einen Block. Sie schlägt die Wiedervorlagemappe zu, will sich erheben.
SEEBAND Es gibt noch einen Brief.
Frau Hellthaler setzt sich hin, klappt den Block wieder auf.

SEEBAND An den Rat der kreisfreien Stadt Dresden, Abteilung für innere Angelegenheiten.
Frau Hellthaler schreibt mit.
FRAU HELLTHALER Als Betreff?
SEEBAND *(sie genau betrachtend)* Antrag auf Entlassung aus der Staatsbürgerschaft der DDR.
Frau Hellthaler erstarrt. Sie schaut auf zu Seeband.
SEEBAND Hiermit beantrage ich, Professor Dr. Carl Seeband, nach reiflicher Überlegung für mich und meine Frau Martha die Erlaubnis für sofortige Umsiedlung in die Bundesrepublik Deutschland. Schreiben Sie!
Frau Hellthaler schreibt.
SEEBAND Es ist mir aufgrund meiner politischen Überzeugung nicht mehr möglich, in der Deutschen Demokratischen Republik zu bleiben. Dies gilt ausdrücklich nicht für meine volljährige Tochter Elisabeth, die in der DDR verbleibt, weil sie weiterhin an die DDR und das sozialistische Weltbild glaubt. Ihr überlasse ich auch das Eigentum an meinem Wohnhaus in der Wiener Straße 91. Mit hochachtungsvollen Grüßen, Professor Dr. usw.
Frau Hellthaler schreibt noch, aber dicke Tränen fallen auf das Papier und verwischen die Zeichen.
SEEBAND Haben Sie alles? Das bitte gleich morgen beim Rat der Stadt Dresden persönlich abgeben.
Frau Hellthaler erhebt sich ohne aufzusehen und eilt aus dem Zimmer. Seeband legt seine Unterlagen in einer Schublade ab.

Westerzgebirge, Landgasthaus, Terrasse, Tag

Titeleinblendung auf Bild: »1957«

Ein fast österreichisch wirkendes Landgasthaus, mit schweren Holztischen auf einer weiten Terrasse mit wunderbarem Blick über das sächsische Bergland. Martha, Ellie, Kurt und Seeband sitzen an einem Tisch. Ellie spricht

mit ihrem Vater. Sie hat die Hand auf seiner Hand. Kurt spricht mit Martha.
FRAU SEEBAND (*zu Kurt*) Denkst du an deine Mutter?
Kurt schüttelt den Kopf.
FRAU SEEBAND Es tut mir leid, dass er sie nicht eingeladen hat.
Seeband, den Ärzte-Orden immer noch am Revers, klopft an sein Glas, steht aber nicht auf. Er will aus der Rede kein Spektakel machen.
SEEBAND Liebe Ellie. Lieber Kurt. Jetzt bist du also seit zwei Stunden mein Schwiegersohn. Ich lasse meine Tochter in deiner Obhut, wenn wir Ende des Monats die DDR verlassen. Nur eine Sache möchte ich dir auf den Weg geben für dein Leben. Es genügt nicht, »gut« zu sein. Ich habe es erlebt, wie Männer, die nur »gut« waren, übergangen, enteignet, sogar ausgemerzt wurden. Wenn du Sicherheit haben willst in dieser Welt, ganz gleich, was du machst, musst du der Beste sein. Nicht einer der Besten. Der Beste. (*hebt ein Glas*) Auf die Eheleute!

Slow fade to white.

Villa Seeband, Frühstückserker, Morgen

Kurt und Ellie sitzen am Frühstückstisch, frohgemut.
ELLIE (*liest aus einem Brief vor*) »… und so bin ich jetzt in Oldenburg untergekommen, in der Sanderbusch-Klinik, mit der Aussicht, nach Erkners Pensionierung in zwei Jahren die Leitung zu übernehmen. Pass auf dich auf. Dein Papa.«
KURT Na, ist mal wieder auf die Füße gefallen, wie's scheint.

Fade to white.

SED-Parteizentrale Dresden, Sitzungssaal, Tag

Titeleinblendung auf Bild: »1961«

Kurt, fast dreißig Jahre alt, wieder auf einem Gerüst, malt an einem weiteren großen Wandgemälde: Arbeiteraufstand. Unten im Sitzungssaal stehen einige Delegierte der Partei, offensichtlich zufrieden. Sein Freund Max mischt ihm aus roten Pigmenten, Leinöl, Kreide die Farbe an, assistiert ihm. Kurt reicht ihm die Rührschüssel, bedeutet ihm, er solle das Ausmalen übernehmen.

MAX (*erfreut*) Wirklich?

Max macht sich an die Arbeit. Kurt schaut ihm zu, wie er enthusiastisch die Farbe aufträgt, betrachtet das Gemälde: die muskulösen Arbeiter in weißen Hemden, mit den immer gleichen Hämmern, Werkzeugen. Der schwarzgekleidete Kapitalistenscherge, der ihn niederknüppelt. Unwillkürlich schüttelt er den Kopf. Er betrachtet seinen Freund, der mit Engagement ausmalt, die zufriedenen Genossen. Etwas gärt in ihm.

KURT Wie viel würdest du mir für den Wartburg zahlen?
MAX Bist du noch ganz bei Trost? Weißt du, wie lange ein Normalsterblicher auf so ein Auto warten muss?
KURT Ich habe einfach keine Freude mehr daran. 300 Mark?
Max blickt ihn an. Still, ernst, lange. Er ahnt, was der Freund vorhat.
MAX Kurt – im Westen malen die noch nicht einmal mehr. Da gilt Malen inzwischen als bourgeois.
KURT *(skeptisch)* Bourgeois heißt für die doch »gut«, dachte ich?
MAX *(verunsichert)* Ach, was weiß ich!
Kurt lacht.
MAX Natürlich wollen wir dich alle los sein hier. Natürlich. Aber du hast hier ein Leben. Du hast Geld. Du wirst gerade berühmt. Ich meine ... ich kriege Mädchen ins Bett, weil ich dein Assistent bin. Du kannst mit den Apparatschiks umgehen wie kein anderer ... Du wirst nächstes Jahr dreißig, so jung ist das auch nicht mehr ... Du bist ... Wa-rum?
KURT Weil es um all das nicht geht.
MAX Worum geht es denn dann?
KURT Um die Wahrheit.
MAX Und wer sagt, was wahr ist?
KURT *(lächelt)* Ich. Ich. Ich.
Max muss selbst lachen. Er zieht einen Schuh aus, dreht ihn um, schiebt den Hacken beiseite. Darunter ein Geheimfach, in dem viele Geldscheine zusammengefaltet liegen. Er zählt sie zusammen.
MAX 260?
KURT In Ordnung. Brauchst du Leinwände?
MAX Hast du denn welche?
KURT So viele wie Bilder. In meinem Atelier.
MAX Was?!
KURT Übermal sie. Bitte alle.
Jetzt verschlägt es Max die Sprache.
KURT Ich will sie nicht wieder sehen. Glaub mir. Es stimmt alles nicht, was ich da gemalt habe.
MAX Aber was ist mit den Wandbildern? Die kannst du ja nicht übermalen.

KURT Das werden andere für mich übernehmen.
MAX Gut, dann lass mich dich wenigstens in meinem neuen Auto fahren. *(Kurt will Bedenken anmelden)* Nur nach Ostberlin.

Montage (ohne Ton):

Demarkationslinie (innerdeutsche Grenze), Abend

An der Ostberliner Stadtgrenze – ein Posten mit Schlagbaum, Wachhäusern, Stacheldraht. Ein sowjetischer Soldat in einer Jacke, die viel zu warm ist für das deutsche Wetter, tritt an das Fenster von Kurts Wartburg und nimmt die drei Ausweise entgegen, die ihm Max reicht.
SOWJETISCHER SOLDAT *(mit russischem Akzent)* Was ist der Zweck ihres Besuchs in Ostberlin?
MAX Ich bin nur der Fahrer.
KURT Wir sind Assistenten an der Kunstakademie Dresden. Wir ha-

ben ein Treffen mit der Hochschule für bildende und angewandte Kunst in Weißensee.
Der Soldat öffnet den Kofferraum. Darin nur zwei Aktentaschen – die allerdings dick sind. Er macht die vollere der beiden auf, und es sind darin nur beige eingebundene Bücher mit Goldschnitt, wie wir sie immer wieder bei Kurt gesehen haben. Der Soldat nimmt einen der Bände heraus, schlägt ihn auf: eine Thomas-Mann-Gesamtausgabe.
Er öffnet die andere Tasche. Sie ist voll mit Fotografien – Familienfotos. Der Soldat zieht einige heraus: Wir sehen Johann mit zerzausten Haaren und einem Spitz. Wir sehen das Bild der Familie Seeband am Strand, Seeband hält seine Hände wie einen Schutzmantel um Frau und Tochter. Wir sehen Tante Elisabeth, mit dem kleinen Kurt. Wir sehen ein Gruppenbild von Krankenschwestern. Und Onkel Günther vor der Mauer in Russland. Das Foto ist angekommen.
Der Soldat packt die Bilder ein, schließt den Kofferraum, gibt ein Zeichen, dass sie fahren können, ruft den nächsten Wagen heran.

Ostberlin – S-Bahn-Station Friedrichstraße, Eingang, Nacht

Im Licht der wenigen, fahlgelben Ost-Laternen sieht man trotzdem deutlich, dass der Eingang und die Treppe hinauf zu der S-Bahn-Station so überlaufen sind, dass die überforderten Volkspolizisten gar nicht mehr richtig versuchen, die Menschenmassen zu kontrollieren.
Der Wartburg hält. Kurt wendet sich an seinen Freund, reicht ihm die Hand. Der kann ihm kaum in die Augen sehen, schüttelt sie. Ellie legt ihm die Hand auf die Schulter.
Mit den zwei Aktentaschen, Ellie nur mit einer Handtasche, gehen sie unauffällig zu der Treppe.
VOLKSPOLIZIST Halt!
Sie erstarren. Aber es wird nur einer, der mit einem richtigen Reisekoffer versucht, die Treppe zu besteigen, aufgehalten. Kurt und Ellie gehen weiter.

Ostberlin – S-Bahn-Station Friedrichstraße, Bahnsteig, Nacht

Sie stehen am Bahnsteig. Der Zug fährt pünktlich ein. Die Massen steigen geordnet zu. Ellie und Kurt setzen sich gar nicht erst.
ELLIE (*flüstert Kurt ins Ohr*) Die machen es einem zu leicht …
KURT Nicht mehr lange.
ZUGFÜHRER (*durch die Lautsprecher*) Nächster Halt: Zoologischer Garten, Westberlin.
Sie steigen aus.

Montage: Westen – das grelle bunte Licht, die Leuchtreklamen des Kurfürstendamms – ein anderes Land.

Bundesrepublik, Tag

– *Polizisten in ihren blauen Uniformen.*
– *Lottoziehung im Fernsehen im Schaufenster eines Geschäfts für Fernsehapparate.*
– *Das große Auffanglager Berlin-Marienfelde, wo sie auf Pritschen untergebracht werden. Neben ihnen Familien mit Kindern, die schreien.*
– *Eine (auch im Westen trostlose) Behörde, wo sie jeder – nach langem Anstehen – aus einer kleinen Kassenbox Westgeld ausgezahlt bekommen.*
– *Ellie und Kurt kommen aus dem Filmtheater:* Psycho.
– *In einem typisch westlichen Lokal teilen sich Ellie und Kurt einen Kaffee.*
– *Ellie, im Büstenhalter, wäscht in einem der vielen Waschbecken des Großbadezimmers im Lager ihre einzige Bluse.*

Dazwischengeschnitten:

Kunstakademie Dresden, Vorlesungssaal, Tag

Professor Grimma kommt frohgemut in den Vorlesungssaal. Auf seinem Pult liegt ein Brief. Von Kurt. Er macht ihn auf.
KURT *(voice-over)* Lieber Professor. Wenn Sie diese Zeilen lesen, bin ich im Westen. Ich konnte nicht vorher mit Ihnen sprechen, weil Sie sich sonst mit strafbar gemacht hätten. Sie waren immer sehr gut zu mir, und deshalb werden Sie mir vermutlich sogar glauben, dass ich diese Entscheidung nicht leichtfertig getroffen habe und dass es dabei nicht darum ging, vielleicht eines Tages ein schöneres Auto zu fahren ...
Grimma ist sichtlich getroffen.

Museum für Hygiene, Eingangsraum, Tag

Stasi-Offiziere in Uniform überwachen, wie die »Lebensfreude« von Anstreichern mit Farbrollern an langen Stielen weiß übermalt wird.

SED-Parteizentrale Dresden, Sitzungssaal, Tag

Die Stasi-Offiziere und die beiden Parteimitglieder, die vorher Kurt beim Malen zugesehen haben, stellen auch hier sicher, dass alles verdeckt wird. Ein Team von Handwerkern nagelt Holzplatten über das Wandgemälde. Ganz hinten steht Professor Horst Grimma. Und weint fast.

Montage endet.

Westberliner Atelier/Wohnung, Tag

Eine kleine Wohnung, vollgestellt mit Gemälden, realistische Straßenszenen, im Ost-Stil. Werner Blaschke, Kippe im Mundwinkel, malt das Porträt eines dicken zwölfjährigen Jungen, der aufgebrezelt in Sonntagskleidung Modell sitzt.

BLASCHKE (*starker sächsischer Dialekt*) Halt still, Klaus, sonst versaust du deinem Vater das Geburtstagsgeschenk für Mutti.

Er wendet sich an Kurt, der die Gemälde betrachtet.

BLASCHKE Wie alt bist du nochmal?

KURT Neunundzwanzig. Ich werde dreißig.

BLASCHKE (*anerkennend*) Siehst jünger aus. (*zurück zur Sache*) Ja, dann ist München eine gute Idee. Da haben die Leute Geld. Brauchen ständig Porträts und auch Landschaften. Wovon ich abraten würde, ist Düsseldorf.

KURT Düsseldorf?

BLASCHKE Da ist nur moderne Kunst. Avang-Gahrd! Und wenn man nicht an der Akademie da studiert hat, hat man sowieso keine Schangse. Das ist so 'ne Art Mafia. München ist gut. Hamburg ist gut. Berlin …? Na ja, so mittel, siehst ja selber.

Er zeigt auf den armen Klaus, der glaubt, er würde zum Grüßen aufgefordert.

KLAUS (*steht auf, brav*) Guten Tag.

BLASCHKE Halt still!

Kunstakademie Düsseldorf, Tag

Titeleinblendung auf Bild: »Kunstakademie Düsseldorf«

Establishing: Die Akademie. Ein riesiger Neorenaissance-Bau mit Bombenschäden. Ein großes Banner, nicht unähnlich denen, die Kurt früher gemalt hat, verspricht: »Rundgang – Tag der offenen Tür«. *Besucher strömen hinein. Kurt sieht etwas nervös aus. Er löscht seine Zigarette und tritt ein.*

Kunstakademie Düsseldorf, Pforte

Kurt kommt in den Eingangsraum. Dort sitzt hinter einem Pförtnerstand ein Hausmeister. Kurt geht auf ihn zu und schüttelt dem erstaunten Mann die Hand.
KURT Guten Tag. Ich bin der Kurt. Barnert. Ich hatte angerufen wegen einer Führung.
Der Hausmeister blickt Kurt skeptisch an (Kurt hat noch einiges zu lernen über westliche Umgangsformen), deutet stumm auf die nächste Tür.

Kunstakademie Düsseldorf, Eingangshalle

Im Eingangsbereich steht ein Tisch. Darauf ein Schild »Führungen für Bewerber. Hier warten.« Kurt wartet geduldig und beobachtet still die Menschen, die an ihm vorbei in die Akademie drängen. Meist neugierige Rheinländer, die einen Skandal suchen, wie die Gesprächsfetzen bezeugen, die Kurt überhört. (»… mitten in der Vorlesung die Nase blutig geschlagen …«, »… einen Hitlergruß, und sagt, es war nur zur Provokation …« etc.)
MÄNNERSTIMME *(off-screen, laut, forsch)* Du bist noch unter sechsundzwanzig, oder?
Kurt dreht sich um. Hinter dem Tisch steht Harry Preusser, ein gedrungener Mann von Anfang dreißig, mit kurzgeschorenen schwarzen Haaren über einem breiten, fleischigen, selbstbewussten Gesicht, aus dem einen zwei blitzende Augen prüfend anblicken. Preusser nimmt Kurts Schweigen als Bejahung.
PREUSSER Gut. Und was willst du machen? Skulptur? Aktionen? Installationen?
KURT Malerei … eigentlich.
Preusser lacht.
PREUSSER *(verspottet Kurts leicht sächsischen Dialekt)* Mohleräi?
So etwas ist Kurt schon lange nicht mehr begegnet. Er ist mehr erstaunt als beleidigt.

PREUSSER Nichts für ungut. Ich komm ja auch aus dem Osten. Mecklenburg.
Er beginnt den Rundgang. Kurt folgt. Sie laufen zwischen einer Reihe von Skulpturen hindurch, bestehend aus Blechen, die sich, elektrisch angetrieben, drehen.
PREUSSER Schau dich um. Malen tut hier wirklich keiner mehr. Die Leute wollen was Neues – eine Idee.
Sie gehen weiter vorbei an nackten Modellen, die mit Kreide bemalt sind.
KURT Eine Idee?
PREUSSER Ja. Aber nicht so was – was Neues, oder zumindest neu verpackt. So wie Yves Klein, der sagt: Ich beanspruche Ultramarin für mich. Ich patentiere es sogar. Es heißt jetzt Yves-Klein-Blau. Und nur darin werde ich mich ausdrücken. Ich bemale die nackten Brüste einer schönen Frau in Yves-Klein-Blau, und sie schmiert das wieder auf die Brüste einer anderen schönen Frau. Ich bemale Schwämme mit Yves-Klein-Blau und klebe sie mit Yves-Klein-Blau auf Leinwände.
Sie kommen weiter durch ein Atelier, wo eine junge Studentin mit großer Geste Schlitze in ihre monochromen Leinwände schneidet.
PREUSSER *(raunt Kurt zu)* Bringt natürlich nichts, wenn jemand die Idee schon vorher hatte. Lucio Fontana schlitzt Leinwände seit sechs Jahren. Was soll das da noch bringen? Aber Katrin hat schöne, feste Brüste, und so lassen wir sie …
Sie laufen weiter durch verschiedene, wie Perlen auf einer Kette aneinandergereihte Ateliers. Bei einem der Ateliers herrscht großer Andrang. Adrian Schimmel, ein gutaussehender junger Mann mit modischer schwarzer Sonnenbrille, glatten schwarzen Haaren und vollen Lippen, steht vor einer Wand voller Gemälde, die aus sich wiederholenden Mustern in leuchtenden Farben bestehen.
PREUSSER Das ist Adrian Schimmel. Der Name sagt's schon … *(flüstert)* Heißt eigentlich Adrian Finck – Sohn vom Mannesmann-Vorstand. Schnösel. Hat international Verbindungen *(ehrfürchtig, zornig)* – nach Paris und New York, sagt man sogar. Und reden kann er, das ist auch klar. Aber ob die Tapetenidee genug ist?

Man sieht Adrian mit großer Geste einem älteren Ehepaar die Tapetenbilder erklären.
ÄLTERER MANN Ja, ich finde es hübsch. Aber das ist doch sozusagen ... eine Tapete.
ADRIAN Ja, aber sehen Sie: nur scheinbar. Das ist es ja, was wir Künstler suchen: das, was sich hinter dem Dekorativen versteckt. Die Leere, durch die Löcher ausgedrückt, die ich hineinstanzte. Die Banalität, durch das Material Linoleum verkörpert, das ich auftrug. Die sinnlose Grellheit durch die Neonfarben, in denen ich mein Werk rollte. So wird deutlich, dass in der Kunst selbst die Fassade, ja, selbst die Tapete, immer die Wahrheit spricht. Das ist es, was Sie hierhergeführt hat. Sie haben ein tiefes künstlerisches Gespür. Sonst wären Sie nicht hier gelandet. Ein Piet Mondrian präsentiert Ihnen eine Utopie. Ich – die Wahrheit. Ihre Freunde sehen eine hübsche Tapete. Sie sehen die Ebene dahinter.
ÄLTERE FRAU *(beeindruckt)* Und ... kann man so etwas kaufen?
ADRIAN Man kann. Das ist ja das Großartige an Kunst.
Preusser winkt ab und geht weiter.
PREUSSER Der Teufel scheißt immer auf den ... na, kennste ja. Aber so sollte kein Künstler über sein Werk sprechen müssen. Er will halt seiner erfolgreichen Familie beweisen, dass er auch ohne ihre Hilfe erfolgreich sein kann. Für die zählt nur Kohle ... *(ein Moment der Selbsteinsicht)* Und ich will meiner erfolglosen Familie beweisen, dass ich trotzdem erfolgreich sein kann. Da zählt auch nur Kohle ... Alles Scheiße mit den Familien.
Sie laufen den Gang entlang weiter, vorbei an Ateliers und Ausstellungsräumen, die Preusser nicht für würdig erachtet.
PREUSSER Man muss aber maximal sechsundzwanzig sein, wenn man die Idee hat. Sonst wird's nix.
KURT Warum?
PREUSSER Denk doch nach: Picasso war sechsundzwanzig bei den »Demoiselles d'Avignon«, Duchamp war fünfundzwanzig, als er »Akt, eine Treppe herabsteigend« malte. Michelangelo vierundzwanzig bei der »Pietà«.

Im nächsten Atelier, in das Preusser seinen Schützling hineinsteuert, stehen ein paar bizarre Holzkonstruktionen: das Holzgerippe einer Gartenlaube, die einzelnen Stöcke durch Kartoffeln verbunden. Und ein Holzhocker mit einem Loch in der Mitte der Sitzfläche, in dem nach unten zum Boden eine Stange befestigt ist, die – von einem Elektromotor bewegt eine Kartoffel, die an ihrem Ende steckt, um eine andere Kartoffel kreisen lässt, die auf dem Boden liegt. Ein leicht effeminierter, hagerer junger Mann mit schütterem, aber sehr langem blondem Haar, gelb getönter Sonnenbrille und beigem Rollkragenpullover betreibt die Maschine und erklärt sie einem Kind, das sich darüber freut.

PREUSSER Wie nennst du das?

IVO »Apparat, mit dem eine Kartoffel eine andere umkreisen kann.«

PREUSSER Keine Punkte mehr?

IVO (*schüttelt den Kopf, unschuldig*) Im Moment interessieren mich Kartoffeln.

PREUSSER Das ist Kurt. Aus 'm Osten. Maler. Will hier studieren.

Ivo schüttelt Kurt freundlich die Hand.

IVO Dann musstest du dir sicher schon Harrys Rede über »die Idee« anhören?

KURT Du glaubst es nicht?

IVO Wenn du das hehre Meisterwerk willst, mag das schon stimmen. An irgendwas musst du die Meisterschaft ja bemessen. Mich interessieren mehr: Kartoffeln.

PREUSSER Komm, bevor du korrumpiert wirst.

Ivo lächelt Kurt freundlich zu. Als sie wieder im Gang sind:

PREUSSER Arendt Ivo – was der will, weiß kein Mensch. Hat früher alles in so große gleichfarbige Punkte aufgelöst, die er auf Platten gedrückt hat. Hätte 'ne echte Idee sein können. Und jetzt das. Und in zwei Monaten macht der schon ganz was anderes.

Preusser und Kurt sind am Ende eines langen Gangs angekommen. Hier ist ein großer Besucherandrang vor einer Reihe von Fenstern, die den Blick in ein weiteres, dahinterliegendes Atelier freigeben. Hell beleuchtet, zwischen halb abstrakten Aquarellen, die aussehen, wie mit Blut oder flüssiger Erde gemalt, hantiert ein Mann in beigeweißem Safari-

Anzug, einem Filzhut und einer Fischerweste mit einer weichen Masse. Er schmiert die fettige Masse in die Ecken, bis sie diese ganz ausfüllen. Er wirkt durchgeistigt und vollkommen konzentriert. Um ihn herum stehen wie Säulen mannshohe Rollen schwarzgrauen Filzstoffs. Kurt ist von dem ganzen Auftritt nicht unberührt.
PREUSSER *(nicht ohne Stolz)* Unser Professor … Antonius van Verten. Von ihm habt ihr aber auch in Sachsen gehört.
Kurt schüttelt den Kopf.
PREUSSER Ein Original … Er bevorzugt: Mythos. Trägt immer diesen Hut. Einmal hat ihn eine ziemlich scharfe Studentin verführt … nur um ihn ohne Hut zu sehen.
Er blickt Kurt verschmitzt an.
PREUSSER Er hat ihn auch im Bett aufbehalten … *(lacht)* Arbeitet nur mit Filz und Fett. Warum? *(spöttisch, neidisch)* Das bleibt sein großes, mysteriöses Geheimnis. Manchmal noch mit Hasenblut. Hat der Studentin damals erzählt, dass er als Kind einen Hasen geschossen hat – und sich nie davon erholt hat … Wir müssen zu all seinen Vorlesungen, das ist Pflicht, aber er sieht sich nie etwas von uns an. Er sagt, man kann nur selbst wissen, ob man's richtig macht … Ich glaube, wir sind ihm einfach egal. Na … er uns auch.
Letzteres glaubt man nicht so ganz. Kurt blickt fasziniert auf die freien Bewegungen des mysteriösen Lehrers.
PREUSSER Aber ob du aufgenommen wirst, ob du ein Atelier bekommst – alles komplett die Entscheidung dieses Spinners.
Preusser sieht, dass Kurt beeindruckt ist von van Verten.
PREUSSER Na, komm, weiter, so interessant ist der auch wieder nicht.
Bald sind die beiden Männer in einem Atelier angelangt, dicht gefüllt mit Leinwänden und Skulpturen, allesamt mit Hunderten von Nägeln behauen. Einige Besucher stehen davor und betrachten sie.
KURT *(spöttisch)* Das ist auch so eine »Idee«?
Preusser ignoriert ihn, da eine sehr attraktive junge Besucherin vor einer Skulptur steht, einer Art kleinem Nagelbaum.
PREUSSER *(zu der jungen Frau)* Spricht sie zu dir, die Skulptur?
JUNGE FRAU Ja.

Preusser nimmt ein paar Nägel und einen Hammer von dem Werktisch und macht sich an der Skulptur zu schaffen.
JUNGE FRAU *(überwältigt)* Sie sind der Künstler? *An den gekonnten Handgriffen merkt man, dass er es ist.*
PREUSSER Sie stimmt noch nicht ganz. Das sehe ich jetzt erst, wo du danebenstehst. *(zeigt mit der offenen Handfläche auf sie)* Das stimmt ... *(zeigt auf sein Kunstwerk)* Das nicht.
JUNGE FRAU *(errötend)* Was wollen Sie mit der Skulptur ausdrücken?
PREUSSER *(nachdrücklich, ernst)* Genau das, was du empfindest.
Das Mädchen ist entsprechend beeindruckt. Preusser schenkt ihr mit vielsagendem Blick einen Nagel. Sie empfängt ihn wie ein Heiligtum, geht etwas verschüchtert weiter. Preusser blickt ihr nach, während sich Kurt die Bilder genau ansieht.
PREUSSER *(zu Kurt, auf seine Arbeit deutend)* Ich war übrigens dreiundzwanzig.

Kunstakademie Düsseldorf, van Vertens Büro, Tag

Das Verwaltungsbüro hat auf unerklärliche Weise eine künstlerische Atmosphäre. Van Verten, auch hier wieder in Hut und Fischerweste, liest den Bewerbungsbogen. Kurt sitzt ihm gegenüber.
Nahaufnahme Bewerbungsbogen: Bei »Alter« hat Kurt »26« eingetragen.
VAN VERTEN Du hast kein Portfolio eingereicht.
KURT Ich habe nichts mitnehmen können.
VAN VERTEN Was hast du bisher gemacht?
KURT Gemalt.
VAN VERTEN In der DDR?
KURT Ja.
VAN VERTEN Sozialistischer Realismus?
Es ist mehr eine Aussage als eine Frage, bedarf deshalb auch keiner Antwort. Van Verten nimmt die BILD-Zeitung zur Hand, zeigt auf die Schlagzeile über den Bau der Berliner Mauer und ein Foto des riesigen Bauwerks.

VAN VERTEN Jetzt haben die also wirklich 'ne Mauer gebaut. Hast du das kommen fühlen?
KURT »Niemand hat die Absicht« – heißt immer: Genau das Gegenteil stimmt.
VAN VERTEN (*nachdenklich das Foto betrachtend, mehr für sich*) Aber irgendwie ist es auch schon wieder Kunst, diese Mauer – ein landschaftliches Kunstwerk: Die handwerkliche Ausführung ist uninteressant, Hunderttausende haben Schwierigkeiten damit ... (*schüttelt den Kopf*) Konsequenter, deutscher Irrsinn.
Kurt sagt hierzu nichts. Van Verten legt die Zeitung weg.
VAN VERTEN Was magst du denn in Sachen Kunst?
Kurt zuckt mit den Schultern, in echter Ratlosigkeit. Er weiß es wirklich nicht. Die Ehrlichkeit imponiert van Verten. Er hebt den Kopf von dem Bogen und blickt Kurt lange an.
VAN VERTEN Du erzählst nicht gerne von dir, was? Aber deine Augen verraten mir, dass du mehr gesehen hast als wir alle.
Er unterschreibt den Antrag, setzt zwei Stempel darunter: »Studienplatz« *und* »Atelier«.
VAN VERTEN Die einzigen Bedingungen für dich, wie für die anderen (*signalisiert: erstens*) – dass du zu den Vorlesungen kommst (*signalisiert: zweitens*) und nie verlangst, dass ich mir irgendetwas von dem ansehe, was du machst. Einverstanden?
Kurt nickt.
VAN VERTEN Ob es was taugt oder nicht, das weißt sowieso nur du selbst.

Kunstakademie Düsseldorf, Kurts Atelier, Nacht

Mit metallischem Klirren gehen die Neonlichter an und erhellen ein kleines, industrielles Atelier. Viel kleiner als Kurts Werkstatt in Dresden. Kleiner als das von Preusser, das direkt an seines anschließt – wir sehen die Nagelkunst im Hintergrund durch die doppelflügelige Verbindungstür, die offen steht. Ellie und Kurt treten ein.

KURT Einen Schritt vorwärts, zwei Schritte zurück.
ELLIE Ach, komm! Sag mir nicht, dass du hier nicht alles machen kannst, was du willst.
KURT Ja, wenn ich jetzt nur wüsste, was das ist …
Sie blickt ihn verführerisch an, knöpft sich die Bluse auf, unter der sie keinen Büstenhalter trägt, küsst ihn, schnallt dabei seinen Gürtel auf…
ELLIE Vielleicht erst einmal … das Atelier einweihen …

Kunstakademie Düsseldorf, Vorlesungsraum, Tag

Ein Vorlesungsraum mit nach hinten ansteigenden Sitzen. Die Decke des Raums, von Bomben zerstört, ist noch immer nicht ersetzt worden. Ganz unten, auf der Bühne, steht van Verten, vor ihm zwei mit Laken verhüllte Staffeleien. Er zieht die Tücher ab. Darunter sind die Wahlplakate von Adenauer und Brandt. »Keine Experimente! Konrad Adenauer – CDU«. »Wohlstand ist für alle da! SPD«.
VAN VERTEN Wen werdet ihr wählen? SPD? CDU?
Er blickt sich um. Einige der Studenten rufen: »SPD!«, »Deutsche Friedens-Union!«, »CDU«. *Andere pfeifen, buhen, protestieren nach jedem Ausruf.*
VAN VERTEN *(mit Nachdruck)* Wählt gar nicht.
Im Saal wird es ganz ruhig.
VAN VERTEN Wählt nie wieder eine Partei! Wählt die Kunst. Es ist ein Entweder-oder. Nur in der Kunst ist die Freiheit keine Illusion. Nur der Künstler kann den Menschen nach dieser Katastrophe das Gespür für ihre Freiheit zurückgeben. Jeder Mensch, ob er nun bei der Müllabfuhr ist oder Landwirt, hat die Chance, ein Künstler zu sein. Wenn er seine eigenen, subjektiven Fähigkeiten ohne Vorgaben entfaltet. Wenn ihr nicht frei seid, vollkommen frei, dann wird es niemand sein. Indem ihr euch frei macht, macht ihr die Welt frei. Ihr seid Priester, Revolutionäre, Befreier. Bringt eure Brandopfer!
Van Verten zündet mit seinem Feuerzeug die beiden Plakate am unteren Ende an. Die Flammen schlagen hoch. Schwenk nach oben in den freien Himmel.

Kunstakademie Düsseldorf, Kurts Atelier, Tag

Kurt steht über einer Leinwand und tropft mit dem Pinsel Farbe darauf wie Jackson Pollock. Dass die Töne etwas monochromatischer sind, macht es auch nicht viel origineller. Preusser blickt herein und schüttelt spöttisch den Kopf. Als er geht, kippt Kurt im Frust den ganzen Farbeimer auf die Leinwand.

Kunstakademie Düsseldorf, Kurts Atelier, Tag

Kurt hat eine Leinwand monochrom mit einem beigeorangenen Hautton bemalt. Er nimmt eine Rasierklinge zur Hand und will sie gerade ansetzen.
PREUSSER (*voice-over*) Sag bloß, du bist unter die Schlitzer gegangen.
Kurt blickt verschmitzt zurück mit einem Blick, der sagt, »Warte ab!«, und schneidet an drei Stellen in die Leinwand. Da beginnt durch die offenen Schlitze rote Farbe wie Blut aus Wunden über die Leinwand zu

fließen. Preusser tritt hinter die Staffelei und sieht die auf der Rückseite angebrachten Farbtaschen. Er nickt angetan, klopft Kurt auf die Schulter.
PREUSSER Das ist schon fast eine Idee. Du lernst schnell.

Montage:

Kunstakademie Düsseldorf, Kurts Atelier, Tag/Nacht

– *Kurt baut lebensechte Figuren aus Pappmaché, bemalt sie.*
– *Baut Totempfähle.*
– *Tüncht ein Dutzend Geweihe weiß. Ist jetzt gekleidet wie Warhol.*
– *Preusser blickt kurz herein, nickt in widerwilliger Anerkennung, macht weiter mit seinen Nagelbildern.*

Kunstakademie Düsseldorf, Vorlesungsraum, Tag

Neben van Verten steht wieder etwas Verschleiertes auf der Bühne.
VAN VERTEN Was ich euch jetzt zeigen werde – ist Kunst. Ihr solltet euch nie scheuen, Kunst auch Kunst zu nennen. Die meisten sprechen von »Arbeit« und »Bild« und »Objekt«. Machen damit ihr eigenes Werk klein. Ich will nicht, dass ihr klein seid. Ich will, dass ihr Kunst macht. Und das ... ist Kunst.
Er zieht das Laken ab – und darunter ist eine monumentale Skulptur von Arno Breker: Haupt des arischen Kriegers. Entsetzen im Publikum. Rufe werden laut: »Nazi!« »Raus mit der Nazi-Kunst!« Jetzt wirft jemand einen Apfel. Er trifft van Verten hart an der Brust. Der bleibt still stehen. Ein Zweiter wirft eine Blechdose. Sie trifft ihn am Kopf, er blutet. Bleibt weiter still stehen.
VAN VERTEN *(ruhig, fast für sich)* Ich wünsche euch Arno Brekers Schaffenskraft. Ich wünsche euch ein solches Werk.
Er wird wieder schmerzhaft getroffen.
VAN VERTEN Ich wünsche, dass ihr euch so treu bleibt, wie er sich immer geblieben ist. *(fast flüsternd)* Auch wenn ihr es selbst, wie ich, nicht ausstehen könnt.

Kleiderfabrik, Werkraum, Tag

Ellie arbeitet an einer Nähmaschine zwischen Dutzenden Frauen. Harte, proletarische Tätigkeit. Aber sie sieht zufrieden aus. Als habe sie ein süßes Geheimnis.
Plötzlich schaut sie auf, greift sich an den Bauch. Die Maschine läuft weiter. Der Stoff staut sich, bauscht sich, verzieht sich. Tränen schießen ihr aus den Augen. Sie steht auf, leicht schwankend.

Kleiderfabrik, Toilette, Tag

Ellie steht nackt am Becken und schrubbt das Blut aus ihrer Hose, während ihr die Tränen die Wangen hinunterlaufen.

Kurts und Ellies Wohnung, Nacht

Es ist dunkel in der Wohnung. Kurt schließt die Wohnungstür auf, schaltet das Licht an, etwas verwundert, dass scheinbar niemand zu Hause ist. Doch da sieht er Ellie auf dem Sessel sitzen, still, bleich.
ELLIE Ich habe es verloren.
Kurt bleibt still stehen. Seine Kleidung ist voll von grauen Farbspritzern.
ELLIE Ich war beim Arzt. Ich werde keine Kinder haben können.
Kurt ist erschüttert, kann sich immer noch nicht bewegen.
ELLIE Und weißt du, was er gesagt hat? Es war die Abtreibung. Nicht ein Zilienschaden. Der Verschlussapparat ist beschädigt worden. »Zervixinsuffizienz«. Wir werden nie über den dritten Monat hinwegkommen. *(bitter)* Weil er sie so rein halten wollte, hat er seine eigene Blutlinie ausgelöscht.
Sie beginnt zu weinen. Kurt kniet sich neben sie, hält sie fest.
ELLIE Wir werden keine Kinder haben, Kurt ...
Auch Kurt ist sehr mitgenommen.
ELLIE Deine Bilder ... Deine Bilder müssen unsere Kinder sein. Ja? Gut?
Kurt umarmt sie still. Er nickt.

Kunstakademie Düsseldorf, Vorlesungsraum, Tag

Van Verten kommt in die Vorlesung, ohne irgendein Schaustück, niedergeschlagen, zerstreut. Er steht da einen Moment, als überlegte er sich, worüber er sprechen könne. Ihm fällt nichts ein. Er sucht in seiner abgegriffenen

Aktentasche. Da ist ein Katalog von Wilhelm Lehmbruck. Er hält das Buch hoch, aber niemand sieht etwas. Ein Student macht sich daran, ein Episkop mit Verlängerungsschnur vorzubereiten. Van Verten legt das Buch darauf, als sehe er es zum ersten Mal. Lehmbrucks »Kniende« wird groß an die Wand des Auditoriums projiziert.
VAN VERTEN Habt ihr euch alle mit Lehmbruck beschäftigt? ... Wenn nicht, bitte tut es ... Für euch ... Er sagt, jedes Kunstwerk muss etwas haben von den ersten Tagen der Menschheit ... Als sei es gerade eben noch göttlich gewesen ... als krieche es jetzt aus der Urmasse, aus der Rippe ...
Van Verten stockt, hält ein. Der pädagogische Eros, den er sonst immer entfaltet hat, ist einfach nicht da heute.
VAN VERTEN Nein, anders ... Hat irgendjemand eine Einsicht gehabt diese Woche, die er mit uns teilen kann?
Er geht zur Wand und zieht den Stecker des Episkops heraus. Niemand meldet sich.
KURT Lottozahlen ...
Die Mitstudenten lachen, halten es für einen Witz.
KURT Nein, wirklich. Die Lottozahlen. Wenn ich Ihnen jetzt sechs zufällige Zahlen nenne, 5, 7, 23, 29, 44, 11. Dann ist das doof. Wenn ich Ihnen aber die Gewinnzahlen der Lottoziehung vorlese ... (*er nimmt die Zeitung vom Pult seines Nachbarn in die Hand*) 2, 17, 19, 25, 45, 48, dann haben sie plötzlich etwas Wahres, Zwingendes, fast Schönes ...
Die Mitstudenten lachen, als habe er den Witz weitergeführt. Van Verten blickt ganz ernst, fast als habe er ihn gar nicht gehört. Oder als habe ihn das, was Kurt gesagt hat, ganz tief berührt.
KURT (*verunsichert*) Das war ... meine ... Einsicht.
Van Verten stochert noch einen Moment in seiner alten, ledernen Aktentasche herum. Dann blickt er zu den Studenten auf.
VAN VERTEN Ihr könnt gehen. Ich habe heute nichts für euch.
Die Studenten packen etwas erstaunt, aber doch gelassen zusammen. Auch Kurt.
VAN VERTEN Kurt, komm bitte einmal her.
Während die anderen gehen, steigt Kurt die Reihen hinunter, Beunruhi-

gung ist in seinem Gesicht zu lesen. Als er unten angekommen ist, wartet van Verten noch, bis alle anderen gegangen sind, dreht sich dann direkt zu Kurt.
VAN VERTEN Ich möchte deine Kunst sehen.
KURT Wann?
VAN VERTEN Wann immer es dir recht ist. Wenn es dir recht ist. Sag mir einfach Bescheid.
Van Verten nimmt seine Tasche, tippt zum Gruß seinen Hut an und geht.

Kunstakademie Düsseldorf, Preussers Atelier, Abend

Kurt steht etwas ratlos neben seinem Freund, der ungerührt weiterhämmert.
PREUSSER Was überlegst du überhaupt? Wenn er deine Arbeit mag, dann kriegst du 'ne Galerie, dann kannst du deiner Freundin –
KURT Ich bin verheiratet.
PREUSSER ... dann kannst du deiner Frau und deiner Freundin ein Auto kaufen, dann kannst du bald deine Bilder gegen Klassiker eintauschen. Van Verten hat einen Fettstuhl gegen einen Courbet eingetauscht!
KURT Waren immerhin ein Paar Nägel drin.
Preusser lächelt zornig und hämmert noch ein bisschen härter.
KURT (*offen, ehrlich*) Ich weiß einfach nicht, ob es gut genug ist, was ich da mache. Irgendwie isses das nicht.
PREUSSER Ist doch eh alles subjektiv. Und wenn's nicht subjektiv wäre, wär's Handwerk.
Handwerk. Ein Schimpfwort.
PREUSSER Es geht auch um Glück. Verstehst du? Und dass van Verten sich für dein Zeug interessiert, warum auch immer, ist dein Glück. Er will ja auch nicht unrecht behalten. Er ist gerade bereit, in deiner Arbeit etwas Geniales zu sehen. Steh dir nicht selbst im Weg.
Kurt geht in seinen Teil des Ateliers zurück, blickt auf seine Bilder. Die Kamera zeigt nur sein Gesicht. Er sieht nicht überzeugt aus. Auf einmal hört das Hämmern auf. Preusser tritt hinter ihm ins Bild. Auch er blickt auf die Arbeiten.

PREUSSER (*versöhnlich*) Die sind gut, die Arbeiten. Wirklich. Sie sind gut.

Kunstakademie Düsseldorf, Kurts Atelier, Morgen

Kurt schließt die Tür auf und kommt mit van Verten herein, der aufgeregt, fast wie im Heißhunger auf die Bilder zustürmt. Nach ein paar Schritten verlangsamen sich aber seine Bewegungen zusehends. Sein anfänglich begeisterter Ausdruck wird verhalten. Still. Van Verten ist schwer enttäuscht. Kurt merkt es. Und leidet.

VAN VERTEN Im Krieg war ich Funker bei der Luftwaffe. Ich war ein miserabler Funker und mein Pilot ein miserabler Pilot. Vier Wochen Ausbildung halt. (*er lacht ein bisschen*) Gleich bei unserem zweiten Einsatz wurden wir abgeschossen, über der Krim. Der Pilot war sofort tot.

Tatarische Krim, Offenes Feld, Abend (Rückblende)

Das abgestürzte Flugzeugwrack einer JU88 liegt rauchend inmitten der kargen, rauen Landschaft. In der Entfernung einige Bombeneinschläge und Lehmhütten. Der Körper des toten Piloten hängt kopfüber aus der verglasten Kabine. Auch die Glaskuppel der hinteren Kabine ist zerschlagen. Ein junger van Verten liegt blutüberströmt in den Gurten. Plötzlich treten drei tatarische Bauern mit Filzhüten, in lange Wildledermäntel mit Pelzkrägen gehüllt, ins Bild.

VAN VERTEN (*voice-over*) Ich wurde von nomadischen Tataren aus dem Wrack geborgen mit Verbrennungen, an denen ich eigentlich hätte sterben müssen. Die Bauern, genau die Bauern, die ich hätte bombardieren sollen, zogen mich aus dem Wrack.

Die Nomaden löschen das Feuer mit Decken, ziehen van Vertens zerschmetterten Leib aus der Kabine.

VAN VERTEN (*voice-over*) Pflegten mich mit dem, was sie hatten. Sie rieben meine Wunden mit Fett ein und wickelten mich in Filzdecken.

Tatarische Krim, Lehmhütte, Nacht (Rückblende)

Eine alte Tatarin trichtert dem jungen van Verten, der dort eingewickelt liegt wie ein Kokon, aus einem Holzgefäß Brühe ein.
VAN VERTEN (*voice-over*) Ich blieb ein Jahr bei ihnen. Danach ergab ich mich in amerikanische Gefangenschaft.

Back to scene:

Kunstakademie Düsseldorf, Kurts Atelier, Tag

VAN VERTEN Wenn ich mich frage, was ich wirklich weiß, was ich wirklich empfunden habe im Leben, was ich behaupten kann, ohne zu lügen, dann ist es das Fett auf meiner Haut, die Heimat des Fetts,

des Filzes. Wenn mir andere von Liebe erzählen, zu Frauen, zu ihren Kindern, oder von Sex – dann weiß ich, was sie meinen, nur weil ich Filz und Fett auf meiner Haut gespürt habe.
Er erlebt es auch jetzt, während er spricht, taucht auf aus dem Gefühl.
VAN VERTEN Ich habe davor nichts erlebt. Meine Kindheit war glücklich und behütet, ein paar Ohrfeigen, wenige. *(er lacht leise)* Meine Lehrer mochten mich. Ich wollte Kaufmann werden wie mein Vater. Ich hatte kein »künstlerisches Talent«. *(er zuckt mit den Schultern)* Und ich habe seitdem nichts erlebt. Ich bin fröhlich geblieben. Das Kriegsende in einem Lazarett mit freundlichen Krankenschwestern verbracht. Sehr freundlichen Krankenschwestern. *(er lacht nochmal leise)* Danach recht schneller Erfolg und diese Professur. Aber das Fett und der Filz – die habe ich so durchdrungen, so verstanden wie ... wie Descartes verstanden hat, dass er existiert. »Ich denke, also bin ich.« Er hat alles in Frage gestellt. Alles. Alles könnte Illusion sein, Trug, Einbildung. Aber dann wusste er, dass irgendetwas diese Gedanken ja anstellt und dass folglich irgendetwas existieren muss ... und dieses Irgendetwas, das nennt er Ich ... Aber wer bist du? Was bist du?
Er zeigt auf die Bilder.
VAN VERTEN Das bist du nicht.
Er steht auf, nimmt seinen Stock und lüftet wie zum bürgerlichen Abschiedsgruß seinen Hut. Damit zeigt er Kurt als Erstem die entsetzliche Narbe auf der Glatze: Es fehlt ein Stück des Schädels, der Rest sieht auch nach zwanzig Jahren noch aus wie geschmolzenes, rohes Fleisch. Er setzt den Hut wieder auf, als sei es ein ganz gewöhnlicher Gruß gewesen, und verschwindet durch die Tür. Kurt sagt nichts. Er bleibt zurück und blickt seine Bilder an. Imitate. Ohne Liebe. Im Gang geht der Hausmeister vorbei.
KURT Herr Münster! Auf ein Wort.
Der Hausmeister reckt den Kopf herein.
KURT *(auf die Bilder deutend)* Kann ich die auf den Müll schmeißen?
Der Hausmeister blickt sich um, prüft.
HAUSMEISTER Nee, so viel nimmt uns die Müllabfuhr nicht ab.
KURT Haben Sie eine Idee, wie ich sie wegschmeißen kann?

Kunstakademie Düsseldorf, Innenhof, Nacht

Kurt und Herr Münster allein im Hof. Alle Bilder in einen großen Baucontainer im Hof gepackt. Sie sind mit Benzin getränkt und brennen.

Kunstakademie Düsseldorf, Kurts Atelier, Tag

Kurt kommt herein, schaltet die Neonleuchten an, die klirrend zum Leben erwachen. Aber er steht vor der leeren Leinwand in seinem leeren Studio, kann nichts malen.

Kunstakademie Düsseldorf, Kurts Atelier, Nacht

Es ist dunkel geworden. Kurt schaltet das Licht aus. Nichts gemalt. Er geht.

Kurts und Ellies Wohnung, Nacht

Kurt kommt herein. Ellie erwartet ihn, küsst ihn auf die Wange.
ELLIE Wie war dein Tag?
KURT Produktiv.
An ihrem Gesichtsausdruck erkennt man, dass sie ihm das nicht abnimmt. Sie behält es aber für sich, sagt nichts.

Oldenburg, Seeband-Villa, Wohnzimmer, Abend (ohne Ton)

Unscharfes Farbbild, das scharf gestellt wird. Ein Standbild von Carl und Martha Seeband, lächelnd auf dem Balkon ihres Hotels in Italien – Positano. Ein Dia. Diaabend bei Seebands. Seeband selbst dreht an der Schärfeeinstellung des Projektors. Wir sind im verdunkelten Wohnzimmer der Familie.
Ellie und ihre Mutter sitzen auf dem Sofa. Kurt auf einem Stuhl, rauchend, etwas abseits.
Es ist eine schöne, moderne Villa. Ihre Lebensumstände haben sich nicht verschlechtert, nur ihr Stil hat sich verändert: beiger Teppich, modernes Wagenfeld-Interieur.
Weitere Fotos werden projiziert – mit exotischen Drinks und Sonnenhut am Strand; in einem römischen Amphitheater; vor der kleinen Lufthansa-Maschine, die sie nach Hause bringt; in dem Flugzeug – 1. Klasse. Alles zeigt Wohlstand.

Oldenburg, Seeband-Villa, Esszimmer, Abend, später

Die Frauen sind in der Küche zugange. Die Männer sitzen am Tisch.
SEEBAND Mit dreißig noch am Studieren? Als ich dreißig war, war ich Oberarzt in Dresden. Als Mozart dreißig war, war er tot.
Was soll Kurt darauf sagen?

SEEBAND Ich verstehe ja, dass du von mir keine Unterstützung willst. Und es ist löblich. (*lehnt sich vor, flüsternd*) Aber Fabrikarbeit. Ist das ein Leben, was du für deine Frau willst?
Kurt schaut betreten.
SEEBAND Ich mache dir einen Vorschlag. Ich kenne den Direktor der Frauenklinik in Düsseldorf ganz gut. Bin dort immer wieder zu Konsultationen geladen. Ich besorge dir bei ihm eine Teilzeitstelle, etwas Passendes. Vielleicht drei Stunden frühmorgens. Ja? Dann hast du ein Auskommen und hast immer noch Zeit zu … malen.

Fahrender Zug, Nacht

Ellie und Kurt sitzen still in der Holzklasse auf dem Rückweg, verdauen den Abend. Plötzlich bricht Ellie das Schweigen.
ELLIE Kann er nicht einfach aus unserem Leben verschwinden? Uns einfach in Ruhe lassen?
KURT Vielleicht wird der Job in der Klinik ja dabei helfen.

Frauenklinik der Universität Düsseldorf, Treppenhaus, Morgen

In einem Treppenhaus, das dem der Bannerwerkstatt vor zehn Jahren erschreckend gleicht, ist Kurt mit einem ähnlichen Eimer wie damals sein Vater am Putzen der großen Aufgangstreppe.

Kunstakademie Düsseldorf, Kurts Atelier, Nachmittag

Kurt sitzt still vor seiner leeren Leinwand. Schmutzig. Erschöpft. Es sieht nicht aus, als ob ihm etwas einfallen würde.
SEEBAND (*off-screen*) Ist das die neue Kunst? Weiß auf weißem Grund?
Kurt dreht sich um. Der Schwiegervater steht dort in perfekter, machtvoller Frische. Anzug und bodenlanger schwarzer Kaschmirmantel.
SEEBAND (*ironisch*) »Sinnbild der Leere« – so könntest du es nennen? Vielleicht wird es eine Sensation.
Angle on: Preusser hört Seeband genau.
SEEBAND Komm, ich lade dich zum Essen ein. Mein Fahrer wartet unten.

Italienisches Restaurant, Abend

Einfach, bundesrepublikanisch. Seeband bestellt auf Italienisch, für Kurt gleich mit. Reicht dem Kellner die Speisekarte zurück. Dann kommt er zur Sache: Er nimmt einen Umschlag aus seiner schlanken ledernen Briefmappe, holt daraus ein Quadrat mit vier Passfotos und ein Formular.
SEEBAND Das muss nach Bonn zur Behörde gebracht werden, damit ich den permanenten Reisepass bekommen kann. Er liegt zur Abholung bereit. Ich dachte mir – du lebst in der Nähe von Bonn, warum machst du das nicht für mich? Dann kannst du dir etwas zusätzliches Geld verdienen. Hier ist die Vollmacht.
Er nimmt einen 20-Mark-Schein aus seiner Brieftasche.

SEEBAND Die Verwaltungsgebühr beträgt zehn Mark fünfzig. Den Rest kannst du behalten. Ich komme nächste Woche wieder vorbei, um den Pass abzuholen. Ja?
Kurt nickt. Er kann sich nicht dazu bringen zu lächeln. Ein Zeitungsjunge betritt das Lokal, einen dicken Stapel BILD-Zeitungen unter dem Arm.
ZEITUNGSJUNGE (*ruft, wie aufsagend*) Burghard Kroll in der BRD gefasst. Chef des Euthanasie-Programms lebte zehn Jahre lang unbehelligt als Gutachter in Schleswig-Holstein.
Kurt merkt auf. Reagiert auch Seeband? Wenn ja, dann kaum merklich. Einige der Restaurantbesucher kaufen die BILD-Zeitung. Kurt und Seeband nicht. Das Essen wird gebracht.
SEEBAND (*jovial, auf Italienisch*) Das duftet ja köstlich.
Sie essen.
SEEBAND Kurt, es ist nicht zu spät für dich, einen ganz neuen Weg einzuschlagen. Es müsste nur etwas Überschaubares sein. Du bist pünktlich, nicht arbeitsscheu. In der Postverwaltung vielleicht. Ich habe gelesen, dass die junge Männer suchen. Die Beamtenlaufbahn einzuschlagen wäre gewiss kein Fehler.
Seeband holt ein silbernes Zigarettenetui aus seiner Innentasche, klappt es auf, nimmt eine Zigarette heraus, hält es Kurt hin, der auch eine nimmt.
KURT (*ruhig, erstaunt, feststellend*) Sie rauchen?
Seeband zündet sich die Zigarette an, gibt dann Kurt Feuer. Er macht es mit großer Präzision und Eleganz.
SEEBAND Dreiundsechzig ist ein Alter, in dem man damit anfangen kann. Die Folgen werden mich nicht mehr einholen.
Er lächelt. Blickt auf seine Uhr.
SEEBAND Iss du in Ruhe zu Ende. Ich muss leider eilen. Grüß mir Ellie.
Er steht auf, geht zum Wirt, zahlt. Durch das große Fenster des Lokals sieht Kurt seinen Schwiegervater hinten in den wartenden Mercedes einsteigen. Sein Ausdruck ist ernst. Kurt raucht die Zigarette zu Ende, drückt sie aus, steht auch auf, geht zur Tür. Da sieht er, dass ein dicker rheinischer Restaurantgast an einem anderen Tisch die Titelseite der BILD-Zeitung schon beiseitegelegt hat.

KURT Darf ich?
Der Mann schaut kurz auf.
RESTAURANTGAST Politik? Könnense mitnehmen. Ich brauch nur den Sportteil.
Kurt nimmt sich die Zeitung, dreht sie zu einer Röhre und verlässt das Lokal.

Kunstakademie Düsseldorf, Kurts Atelier, wenig später

Kurt kommt, mit der gerollten Zeitung in der Hand, zurück ins Atelier. Setzt sich auf den Hocker vor der Leinwand. Legt die Zeitung neben sich auf den Gerätetisch, wo sie sich entrollt. Er starrt wieder einige Momente auf die leere Leinwand. Preusser kommt herein.
PREUSSER *(verächtlich, wütend fast)* »Weiß auf Weiß« … »Sinnbild der Leere« … Dein Schwiegervater?
Kurt schweigt.
PREUSSER So 'n Arschloch.
Kurt schweigt. Preusser tritt zu ihm hin, will etwas Tröstliches sagen.
PREUSSER Weißt du – zum ersten Mal wünsche ich jemandem Erfolg mehr als mir selber.
Kurt dreht sich nicht um.
PREUSSER Dein Fehler ist, dass du immer noch an der Staffelei festhältst und an der Leinwand. Mach was mit … *(er blickt sich um)* Staub oder mit … Scherben oder Gummibändern. Malerei ist einfach tot. Wie Volkstanz oder Klöppeln oder Stummfilm.
Kurt ist zu niedergeschlagen, um zu diskutieren.
PREUSSER *(mitleidig)* Ich mein's ja nur gut mit dir. Sonst würde ich dich so weiterlaufen lassen. Ärzte können wir halt nicht mehr werden.
Kurt versucht ihm freundlich zuzulächeln, was nicht so richtig klappt. Preusser geht zurück in sein Atelier.
Nach einigen weiteren Momenten des Starrens auf die Leinwand greift Kurt nach der Zeitung, die jetzt offen daliegt.

Die Schlagzeile: NAZI-MÖRDER NACH SECHZEHN JAHREN GE-FASST. *Und ein Schwarz-Weiß-Bild: Kroll in Dreiviertelansicht von hinten, mit Hut, bewacht von einem Polizisten. Darunter die Worte:* »Burghard Kroll, als er sich den Behörden stellte.« *Kurt blickt lange darauf.*

Auf einmal nimmt er von seinem Gerätetisch einen Bleistift (4B) und ein Lineal und zeichnet ein Raster darauf.

Er reißt mit großer Geschicklichkeit das Bild aus der Zeitung, stellt die Leinwand im Querformat auf die Staffelei und steckt es mit zwei Reißzwecken an ihr fest. Er nimmt einen Kohlestift und kopiert die Formen des Bildes als Umrisse auf die Leinwand.

Dann beginnt er zu malen. Das Foto genau abzumalen. Schwarzweiß. Bis das Bild als Gemälde da ist. Dem Foto gleich. Und doch ganz anders.

Unter das Bild malt er, freihändig, wie ehemals in der Bannerwerkstatt, die genauen Lettern der Bildunterschrift: »Burghard Kroll, als er sich den Behörden stellte.«

Das Bild ist fertig. Eine der Leinwände ist jetzt ein fertiges Gemälde. Kurt schaltet das Licht aus.

Kurts und Ellies Wohnung, Nacht

Ellie wartet auf Kurt. Sie ist überrascht, überwältigt von der Feurigkeit seiner Begrüßung. Gleich dort, an der Tür, küsst er sie, entkleidet er sie, nimmt er sie mit einer Leidenschaft, die sie lange nicht mehr bei ihm erlebt hat.

Frauenklinik der Universität Düsseldorf, Treppenhaus, Morgen

Kurt putzt die Treppen mit Energie und Genauigkeit. Nachdenklich. Fast zufrieden.

Kunstakademie Düsseldorf, Kurts Atelier, Tag

Kurt kommt herein, mit der Aktentasche voller Fotos. Er sucht ein bestimmtes Bild.
Aufsichtig auf Kurt, sozusagen Subjektive des Fotos: Er sucht und findet das Bild, malt ein Raster darauf. Pinnt es an die Staffelei.
Es ist das Bild von Tante Elisabeth, wie sie als junge Madonna den kleinen Kurt hält. Die Tante lächelt. Der kleine Kurt hingegen blickt mit frühreifem Ernst in die Kamera.
Das Bild entsteht auf der Leinwand. Sogar die Textur des Fotos, sogar der gezackte Rand werden mitgemalt.
Flash: seine letzte Erinnerung an Tante Elisabeth, wie sie abgeführt wird und ihn durch die Scheibe des Krankenwagens ermahnt: »Nie wegsehen!«
Kurt betrachtet das Bild, ist noch nicht ganz zufrieden, nimmt einen breiten, weichen Pinsel, fährt damit vorsichtig über die Gesichter, sodass der Eindruck einer gemalten Unschärfe entsteht.
Dann stellt er das Bild von der Verhaftung Krolls auf die Staffelei und verwischt auch auf diesem die Formen. Erst damit erhalten die Bilder ihre volle Wucht.
Kurt verlässt den Raum, um etwas zu holen.
Preusser kommt ins leere Atelier, sieht die beiden Bilder, das von Kroll und das von Tante Elisabeth.
Kurt kommt zurück, hält das Episkop aus dem Vorlesungsraum in den Händen.
PREUSSER *(zeigt auf die Bilder)* Was ist das?
KURT Ich weiß es auch nicht. Aber ich glaube, das ist es.
PREUSSER *(ernsthaft perplex)* Fotos abzumalen.
Kurt lacht, verdunkelt die Fenster. Preusser geht wieder in sein Atelier.
Kurt muss auch die großen Verbindungstüren schließen.
KURT Entschuldige.
Er schließt das Episkop an – die Leinwand ist die Projektionsfläche. Und legt ein Foto darunter. Wir sehen nicht, welches es ist. An seiner Reaktion erkennen wir aber, dass es nicht die Wirkung entfaltet, die er sucht. Er wechselt es aus. Wieder nichts. Noch einmal.

Da sieht er den Umschlag von Seeband auf dem Gerätetisch liegen. Er macht ihn auf, nimmt die Passfotos heraus, betrachtet sie, legt sie auf das Episkop. Das ist es.
Er beginnt zu malen. Alle vier Bilder als ein Bild. Die perfekte Pose Seebands. Auch sie werden verwischt.
Er öffnet die großen hölzernen Fensterläden. Der Raum wird wieder hell. Er behält die Fenster offen, um die frische Luft hereinzulassen. Er betrachtet das Bild im Tageslicht. Es ist fertig. Er stellt es zu den anderen Bildern. Drei Gemälde hat er bereits.
Er schaut genau auf das Bild von Tante Elisabeth. Sieht eine Stelle, wo der Pinselstrich verrutscht ist, stellt es zurück auf die Staffelei, arbeitet daran, die Stelle zu reparieren.
Ein Windstoß lässt einen der Fensterläden kurz zuschwingen. Einen geisterhaften Moment lang steht wegen der Dunkelheit und der noch laufenden Projektion neben Tante Elisabeth Professor Seeband. Dann geht der Fensterladen wieder auf. Tante Elisabeth ist allein da.
Kurt erstarrt. Er geht zum Fenster, zögert, zieht dann, fast beklommen, die Läden zu. Die Bilder passen unheimlich genau zusammen.

Er stellt eine frische Leinwand auf die Staffelei und beginnt zu malen. Erst das eine Bild, dann das andere darüber: Tante Elisabeth und Professor Seeband nach zwanzig Jahren wieder zusammen.
Kurt tauscht noch einmal die Vorlage aus. Projiziert quer darauf Burghard Kroll. Wie im Fiebertraum gebiert ein Kopf den anderen. Das Bild ist fertig.

Kurts und Ellies Wohnung, Nacht

Ebenso dicht beieinander Ellie und Kurt. Sie liegen aufeinander, wie vor so vielen Jahren in der Wiener Straße 91. Sie sind schweißgebadet und außer Atem. Kurt legt seinen Arm auf ihren, so dass sie ganz deckungsgleich liegen.

Frauenklinik der Universität Düsseldorf, Treppenhaus, Tag

Das Putzen des Treppenhauses ist eine willkommene Übung geworden. Kurt ist in seiner ganz eigenen Welt.
Auf einmal kommt Seeband zur Haupttür herein, mit einer Gruppe anderer medizinischer Würdenträger. Er geht die Treppe hinauf. Sie gehen um ihn herum; Seeband sieht ihn genau, grüßt aber nicht. Als sie oben verschwunden sind, putzt Kurt weiter.

Kunstakademie Düsseldorf, Kurts Atelier, Tag

Kurt spannt gerade eine neue Leinwand auf. Die Tür öffnet sich.
SEEBAND *(off-screen, hart, arrogant)* Du verstehst, glaube ich, warum ich dich heute Morgen nicht vorgestellt habe? Es wäre unpassend gewesen.
Er hängt seinen Mantel an einen Haken neben der Tür.
SEEBAND Na, wie geht es der Kunst? Und noch wichtiger: Hast du meinen Pass? Ich bin gekommen, um ihn abzuholen.

Er dreht sich um und sieht vor sich das Bild von Burghard Kroll.
Flash: Kroll und Seeband bei dem Treffen in der Kanzlei des »Führers« vor zwanzig Jahren.
Er sieht das Bild von Tante Elisabeth.
Flash: Die junge Elisabeth, die sich an seinen Beinen festhält und von dem Pfleger weggezerrt wird.
Er sieht das Bild von sich selbst. Und dann das Bild von allen zusammen, übereinander, miteinander, eins.
Seebands Gesicht zuckt. Er kann aber nicht wegsehen.
Preusser kommt herein. Seeband blickt in Verwirrung kurz zu ihm, dann zu Kurt, dann wieder zu den Bildern.
Zum ersten Mal hat Seebands Haltung gar nichts Fürstliches mehr. Die ganze Autorität ist weg. Er ist ein furchterfüllter, älterer Mann. Ganz schwach. Ein kleiner Mann, der Angst hat vor Kurt.
SEEBAND Ich ... muss ... leider schon gehen. Danke ... Pardon.
Er geht rückwärts, als könne er den Bildern nicht den Rücken zuwenden. Und gebeugt. Nimmt seinen Mantel, legt ihn über seinen Arm, geht rückwärts durch die Tür. Schließt sie hinter sich. Preusser schaut Kurt an.
PREUSSER Hat man so was schon gesehen? Was hast du gesagt? Was hatte der?
Kurt starrt selbst noch in Richtung Tür, ungläubig, aber erregt und beseelt.
KURT (*ganz ehrlich*) Kei-ne Ahnung.
Der Spuk ist vorbei.

Montage:

Frauenklinik der Universität Düsseldorf, Treppenhaus, Tag

Während Kurt putzt, diesmal fast mit einem Lächeln auf den Lippen, geht wieder die Tür auf, und es kommen herein: Preusser mit Arendt Ivo und Adrian Schimmel. Sie haben jeder einen Eimer dabei und putzen mit Kurt, albern herum. In der Gruppe macht es jetzt richtig Spaß.

Dazwischengeschnitten:

Kurts und Ellies Wohnung, Nacht

Nackte Umarmung, leidenschaftlich, fest. Sie rollen über das Bett, fallen auf den Boden, rollen weiter, küssen weiter, lachen.

Dazwischengeschnitten:

Kunstakademie Düsseldorf, Kurts Atelier, Tag

Jetzt beginnt die Große Produktion. Die Leinwände, die Kurt selbst baut (dazwischengeschnitten), werden immer größer:
– Die Krankenschwestern aus Arnsdorf – 48 cm x 60 cm
– Porträt Johann mit Hund – 80 cm x 60 cm
– Onkel Günther, der fast wieder zum Leben erwacht durch das Bild – 87 cm x 50 cm
– Die viermotorigen Remington-Bomber samt Bomben über Dresden, ausgeschnitten aus einer Zeitschrift – 130 cm x 180 cm
– Familie Seeband am Strand – 150 cm x 200 cm
– Eine Tür, hinter der man spürt, dass etwas Ominöses geschehen ist – fünf Panele à 205 cm x 100 cm
Er steht fast staunend vor seinen eigenen Bildern. Schaltet das Licht aus.

Treppenhaus von Kurts und Ellies Wohnung, Nacht

Kurt kommt die ärmliche Treppe herauf. Ellie hat ihn gehört und kommt ihm durch die Wohnungstür ernst entgegen, würdevoll, gewichtig schreitend, wie eine Königin.
KURT Wenn du wüsstest, wie schön du gerade aussiehst.
ELLIE Ich bin schwanger.
Kurt ist fassungslos.

ELLIE Vierter Monat. Ich war beim Arzt. Vierter Monat. Wir werden doch Eltern!
Kurt fällt auf der Treppe auf die Knie, umarmt sie, drückt seinen Kopf gegen ihren Bauch, küsst den Bauch, weinend.
ELLIE *(kann es selbst nicht glauben, ebenfalls weinend)* Wir werden doch Eltern. Wir werden doch Eltern.

Kunstakademie Düsseldorf, Gänge vor Kurts Atelier, Tag

Kurt steht mit dem Fotoapparat im Gang und spricht mit Ellie, deren Kopf man durch einen Spalt sieht. Nur so weit hat sie die Tür geöffnet.
KURT Es ist Sonntag. Es ist keiner da. Ich verspreche es dir.
Schließlich kommt sie verschämt aus dem Atelier. Sie ist ganz nackt. Er führt sie zu dem Treppenhaus, rennt ein Stockwerk hinunter, steht auf dem Treppenabsatz, blickt zu ihr hinauf.
KURT Bitte, es ist niemand da. Bitte, wie gestern. Bitte, sag es mir noch einmal. Und dann komm herunter.
Ellie lässt sich nur zögerlich auf das Spiel ein. Doch dann beschließt sie, dass man es nur in voller Würde machen kann oder gar nicht.
ELLIE *(leise)* Ich bin schwanger.
Und läuft mit sanften, majestätischen Schritten und leicht gesenktem Blick die Treppe hinunter. Kurt ist so beeindruckt, dass er einen Moment vergisst, zu fotografieren. Dann macht er das Bild.

Kunstakademie Düsseldorf, Kurts Atelier, Tag/Nacht

Kurt malt auf einer riesigen Leinwand, der größten, die er bisher gebaut hat, sein monumentalstes Bild: »Akt auf einer Treppe«. Er muss auf eine Leiter steigen, um es fertigzustellen.

Kunstakademie Düsseldorf, Kurts Atelier, Tag

Kurt öffnet die Fensterläden. Licht flutet in den Raum. Hier stehen Harry Preusser, Arendt Ivo, Adrian Schimmel und betrachten das Gemälde.
Aufsichtig: Wir sehen die Männer von hinter der Leinwand, die Oberseite der Leinwand im unteren Bildrand.
Fast schüchtern schaut Kurt zu seinen Kommilitonen. Die sind ganz in das Schauen vertieft.
PREUSSER Das sind keine Kartoffeln, was?
Ivo will etwas erwidern, beschließt aber, eher weiter zu schauen.
PREUSSER Sollen wir das van Verten zeigen? Ich glaube, dafür finden wir einen Galeristen.
ADRIAN Ach, was! Das kriegt keiner von diesen Provinzgaleristen. Kurt, was hältst du davon, wenn ich dein Galerist werde?
PREUSSER Adrian Schimmel, der Galerist?
ADRIAN Adrian Finck.
Ivo legt ihm eine Hand auf die Schulter.
IVO Du bist nicht so übel, wie du immer tust, weißt du das?
Adrian hält Kurt die Hand hin.
ADRIAN Fifty-fifty?
Kurt schlägt ein.
ADRIAN Aber jetzt verkaufen wir erst mal gar nichts. Jetzt bringen wir dich erst mal in eine richtige große Ausstellung, mit Pressekonferenz, Fernsehen. Internationale Aufmerksamkeit.
PREUSSER Paris. *(ehrfürchtig)* New York.
Adrian Finck schüttelt den Kopf.
ADRIAN Wuppertal.
Er sagt es mit einer solchen Bestimmtheit, dass niemand an der Klugheit dieses Beschlusses zweifelt.

Kunsthalle Wuppertal, Tag

Titeleinblendung auf Bild: »1966«

Eine große moderne Ausstellungshalle mit Sprungwänden, an denen wir die Bilder zum Teil gerahmt sehen. Eine Gruppe Journalisten, denen sie vorab gezeigt werden, geht interessiert von Bild zu Bild. Man macht sich Notizen, spricht Betrachtungen in Diktiergeräte. Hier hängen sie nun, die »Krankenschwestern«, das Porträt des Vaters als »Johann mit Hund«, Onkel Günther als »Soldat«, Tante Elisabeth und Kurt als »Mutter mit Kind«. Die Familie Seeband als »Familie am Meer«, das Porträt von den Passfotos des Professors als »Porträt«. Die Remington-Bomber. In der Mitte, alles überragend, der überwältigende »Akt auf einer Treppe«. Nur ein Gemälde fehlt.

Dazwischengeschnitten:

Kunstakademie Düsseldorf, Büro von Antonius van Verten

Van Verten kommt in sein Büro. Auf dem Schreibtisch in Packpapier verhüllt, mit einer klassischen grauen Geschenkschleife, ein Gemälde. Van Verten macht es auf. Darin das überlagerte Porträt von Seeband, Kroll, Tante Elisabeth und dem jungen Kurt. Van Verten betrachtet es. Lächelt ernst. Stellt es gegen die Wand. Setzt sich an seinen Schreibtisch. Arbeitet weiter.

Back to scene:

Kunsthalle Wuppertal, Tag

An einer Seite des Ausstellungssaales sind vielleicht achtzig Klappstühle aufgebaut, vor den Stühlen ein Podest. Darauf ein Tisch mit schwarzem Laken und zwei Stühlen.

Die Saaldiener lotsen die Journalisten zu der Pressekonferenz. Kurt setzt sich mit dem Museumsdirektor, Arthur Kastner, auf die beiden Stühle auf dem Podest.
Ganz hinten im Raum steht Ellie. Auf ihrem Arm ein einjähriges Baby – ein Mädchen. Kurt lächelt ihnen aus der Entfernung zu. Ellie nimmt den Arm des Babys und winkt damit. Neben Ellie steht Adrian Finck, aufgeregt, aber zufrieden.
Arthur Kastner klopft gegen das Mikrophon.
KASTNER Gibt es schon gleich irgendwelche Fragen an Kurt Barnert?
Er schaut sich im Saal um. Die letzten Journalisten setzen sich.
KASTNER Vielleicht stelle ich dann die erste Frage. Herr Barnert, Ihre meisten Bilder sind nach Amateurfotos oder Illustrierten gemalt. Das Bild: »Akt auf einer Treppe«. Das ist aber doch eine Hommage an Duchamp?
KURT Ja.
Wer längere Ausführungen erwartet hat, wird enttäuscht. Leichtes Gelächter. Kastner nimmt es mit Humor.
JOURNALIST 1 Heinz Viersen, Westdeutsche Zeitung. In Ihrem prachtvollen Gemälde »Mutter und Kind«, das wir hier sehen, wer ist dargestellt? Ihre Mutter und Sie?
Kurt beginnt zu sprechen, aber man hört ihn kaum. Ein Techniker schiebt ihm das Mikrophon vor das Gesicht.
KURT Nein. Es ist einfach ein Amateurfoto. Wen ich male, ist mir eigentlich egal.
Gemurmel unter den Journalisten.
JOURNALIST 2 Aber wenn Sie ein Porträt malen, dann müssen Sie die Person kennen ...
KURT Es ist sogar besser, wenn ich sie nicht kenne.
Erstauntes Rumoren.
KURT Dann sehe ich besser, was wirklich da ist.
JOURNALIST 2 Daher auch das Bild mit den Passfotos aus dem Automaten? Ein Foto ohne Autor?
KURT Ja.
JOURNALIST 2 Mit dem Wehrmachtsoffizier machen Sie also keine Aussage über die Wehrmacht?

KURT Nein. Ich mache keine Aussagen. Ich mache Bilder. Fotos. Fotos mit anderen Mitteln.
JOURNALIST 3 Hermann Schreiber, SWR. Sie übernehmen auch die genaue Komposition des Amateurfotos – da ist doch vieles ganz zufällig?
KURT Nicht zufällig. Wirklich. Echt. Stimmig. Nur die Wirklichkeit ist stimmig. Jede Wirklichkeit ist stimmig.
JOURNALIST 4 Wie meinen Sie das?
KURT Wenn ich jetzt sechs Zahlen nenne. Dann ist das blöd, sinnlos. Wenn die sechs Zahlen aber die Gewinnzahlen aus der Lottoziehung sind, dann haben die Sinn, eine Stimmigkeit, einen Wert, fast eine Schönheit. So ist das auch mit den Fotos. Ich will die Wahrheit.
Die Gruppe von Journalisten ist beeindruckt, aber auch verwirrt. Kurt blickt ganz ruhig mit seinen stahlgrauen Augen auf die Gruppe.
Das Baby beginnt zu weinen. Ellie versucht, es zu beruhigen, sieht aber, dass es sinnlos ist. Sie winkt Kurt verstohlen zu und geht.
KASTNER Ja, Herr Meybert, bitte ...
JOURNALIST 5 Urs Meybert, Kunstchronik. Was soll jetzt für Sie kommen? Weiterhin unscharf abgemalte Fotos?
KURT Nein, davon habe ich erst einmal genug. Ich interessiere mich gerade für Farbtafeln.
JOURNALIST 5 Farbtafeln?
KURT Ja ...

Kunsthalle Wuppertal, etwas später

Journalist 3 hat sich mit Mikrophon vor dem Bild von Ellie auf der Treppe aufgebaut. Sein Kameramann, ein langgewachsener, dünner Öko mit Pferdeschwanz, ist unzufrieden.
KAMERAMANN (*auf Brüste und Scheide deutend*) Da kriegen wir doch Ärger.
Der Journalist bewegt sich vor das nächste Bild. Er steht vor dem lächelnden Wehrmachtsoffizier.

KAMERAMANN Da kriegen wir auch Ärger.
Der Journalist blickt sich um und stellt sich vor das Bild von Tante Elisabeth. Der Kameramann streckt den Daumen nach oben. Er beginnt zu filmen.
JOURNALIST 3 (*direkt in die Kamera*) Zufällig gewählte Illustriertenbilder, Passfotos vom Automaten, beliebige Schnappschüsse aus Familienalben – alles unscharf abgemalt. Mit solchen Bildern, die aus unerklärlichen Gründen eine echte Kraft besitzen, scheint sich Kurt Barnert zum führenden Künstler seiner Generation zu entwickeln – und das mit der totgewähnten Malerei! Aber wie viele in seiner Generation hat er nichts zu erzählen, nichts zu sagen, löst sich von jeder Tradition, verabschiedet sich vom biographischen Ansatz in der Kunst und schafft so zum ersten Mal in der Kunstgeschichte … ein Werk ohne Autor.
Die Kamera fährt hinter ihm auf das Bild von Tante Elisabeth zu, bis der Reporter aus dem Bild ist.
JOURNALIST 3 (*off-screen*) War das gut?
KAMERAMANN (*off-screen*) War super.

Kunsthalle Wuppertal, Nacht

Kurt kommt aus der nächtlichen Kunsthalle. Adrian wartet in seinem VW-Käfer davor.
ADRIAN Bist du sicher, dass ich dich nicht ins Hotel fahren kann?
KURT Ich laufe gerne noch ein bisschen.
ADRIAN Du warst gut heute. Das war gut. Das wird gut.
Adrian fährt ab, Kurt schlägt den Kragen seines Mantels hoch und läuft durch die kalte Nacht.
Er kommt an einem großen Busbahnhof vorbei. Sicher zwanzig Busse stehen dort. Nach einem Moment des Zögerns lenkt Kurt seine Schritte dorthin.

Kassel, Zentraler Busbahnhof, Nacht

Totale: Wir sehen Kurt zu einem der Fahrerfenster hintreten und mit dem Fahrer sprechen. Wir sehen durch die Frontscheibe, wie der Fahrer sein Funkgerät in die Hand nimmt und mit den Kollegen spricht. Kurt stellt sich in die Mitte zwischen die Busse. Einer hupt, noch einer hupt. In fünfundzwanzig Jahren hat sich auch im Klang der Hupen einiges verbessert. Ein Dutzend Busse hupen tief und dicht und markdurchfahrend. Kurt hebt die Arme, wie um alles aufzunehmen, schließt die Augen. Er sieht glücklich aus wie nie zuvor.

Blitzbilder, im Halbsekundentakt wechselnd: die verschiedenartigen Oberflächen der abstrakten Bilder, die noch kommen werden. Dicke Schichten Farbe ineinander verschmiert, gerakelt. Tiefrot gibt den Blick frei auf leuchtendes Gelb. Blau auf Grün, Grau auf Lila.

Als die Hupen aufhören, Schnitt auf Schwarz.

Ende

Abspann

Ein Film von Florian Henckel von Donnersmarck
Eine Pergamon Film Produktion
Eine Wiedemann & Berg Film Produktion
Präsentiert von Buena Vista International

In Koproduktion mit
Beta Cinema
ARD Degeto
Bayerischer Rundfunk
In Zusammenarbeit mit Sky Deutschland

In Zusammenarbeit mit
Rai Cinema
Paolo del Brocco
Nicola Claudio
Sony Pictures Classics
ARTE
Andreas Schreitmüller

Gefördert durch
Medienboard Berlin-Brandenburg
Filmfernsehfonds Bayern
Film- und Medienstiftung Nordrhein-Westfalen
Mitteldeutsche Medienförderung
Filmförderungsanstalt
Deutscher Filmförderfonds
Tschechischer Staatlicher Kinematografie Fonds

Casting	Simone Bär, Alexandra Montag
Herstellungsleitung	David Vogt
Herstellungsleitung Degeto	Kirsten Frehse
Produktionsleitung	Tom Sternitzke, Daniel Mattig
Postproduction Supervisor	Sven Nuri

Original-Ton	Matthias Richter Bvft
Tongestaltung	Christoph von Schönburg
Mischung	Michael Kranz, Martin Steyer
Hair Design	Aldo Signoretti
Make Up Design	Maurizio Silvi
Kostüm	Gabriele Binder
Szenenbild	Silke Buhr Vsk
Musik	Max Richter
Schnitt	Patricia Rommel Bfs
Co-Editor	Patrick Sanchez-Smith
Director of Photography	Caleb Deschanel ASC
Redaktion	Carolin Haasis, Carlos Gerstenhauer, Bettina Ricklefs
Koproduzenten	Christine Strobl, Dirk Schürhoff
Produzenten	Jan Mojto, Quirin Berg, Max Wiedemann, Christiane Henckel von Donnersmarck
Buch, Produktion & Regie	Florian Henckel von Donnersmarck

Besonderen Dank an
Gerhard Richter
Sabine Moritz
Thomas Demand
Jürgen Schreiber
Rita McBride
Matthias Flügge
Andreas Schön

Besetzung

Tom Schilling	KURT BARNERT
Sebastian Koch	PROFESSOR CARL SEEBAND
Paula Beer	ELLIE SEEBAND
Saskia Rosendahl	ELISABETH MAY
Oliver Masucci	PROFESSOR ANTONIUS VAN VERTEN
Hanno Koffler	HARRY PREUSSER
Cai Cohrs	KURT BARNERT 6 JAHRE

Evgeny Sidikhin	NKWD-MAJOR MURAWJOW
Ulrike C. Tscharre	FRAU HELLTHALER
Jörg Schüttauf	JOHANN BARNERT
Jeanette Hain	WALTRAUD BARNERT
Hans-Uwe Bauer	PROFESSOR HORST GRIMMA
Ina Weisse	MARTHA SEEBAND
Lars Eidinger	AUSSTELLUNGSFÜHRER HEINER KERSTENS
Johanna Gastdorf	GROSSMUTTER MALVINE
David Schütter	ADRIAN SCHIMMEL/FINCK
Franz Pätzold	MAX SEIFERT
Jonas Dassler	EHRENFRIED MAY
Jacob Matschenz	ARENDT IVO
Florian Bartholomäi	GÜNTHER MAY
Ben Becker	VORARBEITER OTTO
Oscar Müller	KURT BARNERT 13 JAHRE
Mina Herfurth	ELLIE SEEBAND 6 JAHRE
Juta Vanaga	FRAU MURAWJOW
Mark Zak	DOLMETSCHER MURAWJOW
Bastian Trost	HAUSARZT DR. MICHAELIS
Rainer Bock	DR. BURGHARD KROLL
Antonia Bill	KRANKENSCHWESTER ANNA
Sebastian Rudolph	GUSTAV WÄCHTLER
Inga Birkenfeld	KRANKENSCHWESTER KÄTHE
Lisa Hoffmann	KRANKENSCHWESTER ERNA
Jörg Pose	VOLKSSCHULDIREKTOR TSCHIERSWITZ
Oleg Tikhomirov	SOWJETISCHER AUFSEHER SERGEI
Igor Possewnin	RUSSISCHER ARMEEARZT JEWGENI IWANOWITSCH
Benjamin Lillie	NEIDISCHER ARBEITER HARTWIG
Martin Bruchmann	KUNSTSTUDENT OSKAR
Manuel Zschunke	KUNSTSTUDENT EMIL
Martin Baden	ARBEITERMODELL UDO
Eva Maria Jost	SEKRETÄRIN SEEBAND
Hinnerk Schönemann	WERNER BLASCHKE
Marlene Tanczik	RUNDGANGBESUCHERIN VALERIE

Rainer Reiners	RUNDGANGBESUCHER
	HERR REBERNIK
Michaela Caspar	RUNDGANGBESUCHERIN
	FRAU REBERNIK
Hannes Hellmann	ARTHUR KASTNER
Matthi Faust	HEINZ VIERSEN
Stefan Mehren	JOURNALIST JÜRGEN BEIER
Luc Feit	HERMANN SCHREIBER
Adrian Zwicker	URS MEYBERT
Andreas Nickl	KAMERAMANN THORSTEN
Pit Bukowski	JUNGER SS-MANN ANDREAS
Manfred Möck	GESUNDHEITSMINISTER KLEIBER
Sven Gerhardt	SS-ARZT FRANCK
Konstantin Frolov	SERSCHANT BORISOW
Anton Rubtsov	GEFREITER MISCHA
Axel Wandtke	GRENZSOLDAT STEIWER
Lutz Blochberger	WÜRDENTRÄGER SCHON
Bruno F. Apitz	WÜRDENTRÄGER ESER
Leo Henckel von Donnersmarck	ZEITUNGSJUNGE

Große Kunstwerke vermögen es,
dass wir nach ihrer Betrachtung
die Welt etwas anders sehen

*Schriftliches Interview von Thomas Schultze
mit Florian Henckel von Donnersmarck*

THOMAS SCHULTZE *Zu Beginn des Films* Werk ohne Autor *wird beim Besuch der Ausstellung »Entartete Kunst« in Dresden Kurt Barnerts Interesse für die Malerei geweckt. Wann sind Sie mit Kunst in Berührung gekommen? Wann wurde Ihre Begeisterung entfacht? Wer waren für Sie die Menschen, die Sie Kunst gelehrt haben?*

FLORIAN HENCKEL VON DONNERSMARCK Zunächst waren es einige für mich sehr wichtige Ausstellungen. Die erste, an die ich mich erinnern kann, war die große Ausstellung *Zeitgeist* im Martin-Gropius-Bau 1982. Ich war acht oder neun Jahre alt. Und wir waren im Jahr zuvor aus New York nach Berlin gezogen, was recht hart für meinen ein Jahr älteren Bruder und mich war. Denn damals in den frühen Achtzigern schien nicht nur uns New York das Zentrum der Welt zu sein. Nun bekamen wir die amerikanischen Filme mit einer Verzögerung von manchmal mehr als einem Jahr zu sehen. Es gab kein Popcorn, keine Peanut Butter, keine Oreo-Kekse und gerade einmal drei Fernsehprogramme. Durch diese Ausstellung aber wurde Berlin plötzlich zu einem Mittelpunkt der Welt. Der Gropius-Bau war noch stark kriegszerstört, direkt vor dem Haupteingang verlief die Berliner Mauer. Es war, als wollte man hier Jan Mojtos Lieblingsgedanken von Kundera versinnbildlichen: Die großen Romane entstehen dort, wo die Geschichte lebt. Im Foyer hatte Beuys einen riesigen Lehmberg aufgebaut, drum herum hingen und standen die Werke der großen Amerikaner Warhol, Twombly, Schnabel, Stella gleichberechtigt neben denen der großen deutschen Maler Baselitz, Lüpertz, Kiefer, Polke und den neoexpressionistischen Extremwerken der sogenannten »Jungen Wilden« wie Penck, Koberling und Fetting. Es war zwar alles nicht wirklich sympathisch, aber es war aufregend, frei und furchtbar wichtig. Man merkte, von dieser Kunst wird eine Ära gleichzeitig erfasst und geprägt. Und zwar weltweit.

Übrigens hatte diese Ausstellung für meinen Bruder und mich noch ein etwas bizarres Nachspiel. Als wir nach Hause kamen, legte unsere Mutter uns mit ernstem Blick einen Block, Pinsel und Wasserfarben hin, mit der Aufforderung: »Nun malt selber etwas dazu.« Wir waren verwirrt: »Was sollen wir malen?« »Ja, das, wozu euch diese Ausstellung inspiriert hat, natürlich. Zeitgeist.« Sie verließ das Zimmer. Mein Bruder legte los und malte tatsächlich einen Geist, der ungefähr so aussah wie die Gespenster, die Pac-Man verfolgen. Und eine Uhr. Zeit – Geist eben. Ich ahnte schon, dass meine Mutter eher die unbändigen, bunten Pinselstriche der Neuen Wilden sehen wollte, und versuchte, so etwas zu Papier zu bringen, was natürlich kläglich misslang. Meine Mutter kam eine halbe Stunde später zurück, schaute sich die Bilder kopfschüttelnd an und sagte enttäuscht: »Also, künstlerische Begabung habt ihr wirklich überhaupt keine.«

Im darauffolgenden Jahr nahm sie mich aber trotzdem zu einer großen Ausstellung von Picassos Plastiken in der Neuen Nationalgalerie mit: Der Pavian mit dem Schädel aus Spielzeugautos; der Stierkopf aus einem Fahrradsattel und einem Lenker; die überbordende Erotik der Frauenskulpturen. »Ich suche nicht – ich finde«, wurde Picasso zitiert: Der Suchende halte in einer trostlosen Zielstrebigkeit immer nur Ausschau nach der Bestätigung seiner Vorurteile. Der Findende hingegen nehme das an, was das Leben ihm auf den Weg lege. All das leuchtete mir sehr ein. Und als ich an einer Wand las, dass er im Jahre 1973, genau 24 Tage vor meiner Geburt gestorben war, verbrachte ich einige Jahre in der süßen Gewissheit, dass ich die Reinkarnation Picassos sein müsse.

Die Erotik war für mich immer ein entscheidender Bestandteil der Kunst, vor allem natürlich der Gegenwartskunst. Und sie war für mich ein großer Trost und wichtiges Ventil in unserer streng katholischen Familie. Als ich vielleicht zwölf war, besuchte ich mit meinen Eltern die Schirn Kunsthalle in Frankfurt. Dort war in einem Raum ein lebensgroßes Ganzkörper-Akt-Selbstporträt eines Fotografen ausgestellt, auf dem er sich so verbog, dass er sein erigiertes Glied mit seiner eigenen Zungenspitze berühren konnte. Dort hing es, staatlich gefördert, und wurde zwar nicht kommentiert von meinen Eltern, aber doch auch nicht moniert. »Kunst ist Absolution« schrieb Elfriede Lohse-Wächtler, eine hochbegabte Malerin der Avantgarde, die zeitgleich mit Marianne Schönfelder in der Nervenheilanstalt Arnswald interniert war und auch von den Nazis ermordet wurde, in mächtigen Lettern an die Wand ihrer Wohnung. Um diese Wahrheit zu erfahren, musste ich nicht einmal in die Psychiatrie.

Ganz konsequent führte Jeff Koons diesen Gedanken wenige Jahre später weiter mit seiner *Made in Heaven*-Bilder- und Skulpturenreihe, für die er eine Pornodarstellerin heiratete, um sich und sie beim Geschlechtsakt zu fotografieren, zu malen, zur Skulptur zu formen. Er sprach davon, dass er dadurch den Menschen die Scham nehmen wolle, die ihn beim Betrachten des Freskos *Die Vertreibung aus dem Paradies* von Masaccio immer so gequält habe.

Aber die Kunsterziehung geht kontinuierlich weiter. Der Monat, den ich in Vorbereitung auf diesen Film mit Gerhard Richter verbringen durfte, erst bei ihm in Köln und dann an den Orten seiner Kindheit und Jugend in Dresden, waren für mich wie künstlerische Exerzitien.

Und in Los Angeles habe ich das Glück, mich regelmäßig mit Künstlern austauschen zu können, die von der kulturellen Strahlkraft dieser Stadt angezogen werden und aus aller Welt dorthin ziehen.

TS Werk ohne Autor *erzählt davon, wie ein junger Mann seine Stimme als Künstler entdeckt. Wann hatten Sie den Eindruck, Ihre Stimme als Künstler gefunden zu haben?*

DONNERSMARCK Der Beuys'sche Satz »Jeder Mensch ist ein Künstler«, den ich ja auch im Film zitiere, an den glaube ich wirklich. Das ist nicht eine Aussage über die Qualität von Kunst, sondern über das menschliche Potential und darüber, dass man seine schöpferischen Anlagen überall leben kann und immer, in jedem Beruf, in jeder Situation. Vor einigen Tagen bekam ich eine E-Mail von einem Freund, in der er wie nebenbei einen so schönen Rhythmus gefunden hatte, dass ich danach so froh war, als hätte ich ein gutes Musikstück gehört. Es ging in der E-Mail um ganz praktische Dinge, und sie war auch nicht so geschrieben, dass man etwas merken sollte. Aber ich spürte sehr deutlich: Dieser Mann lebt die Kunst, auch wenn er einen anderen Weg gewählt hat. Denn zufällig entsteht so etwas nicht. Elia Kazan hat einmal gesagt, für ihn sei künstlerisches Talent lediglich der Schorf, der sich über den Wunden gebildet habe, die einem das Leben geschlagen hat. Jeder Mensch hat Wunden. Jeder Mensch kann daraus Kunst machen.

Für mich kam eine ganz entscheidende Einsicht im Jahre 2004, im Jahr nach der Geburt meines ersten Kindes. Wir verbrachten ein Frühjahr in Oxford, weil ich für einen Film recherchieren musste und die Bibliotheken dort kannte. In den Pausen ging ich manchmal in das nahegelegene Pitt Rivers Museum, ein großes, unordentliches, wunderschönes Völkerkundemuseum mit Gegenständen, die Forschungsreisende aus fremden Ländern zusammengetragen hatten, bei denen man erst nach und nach verstand, was für Schätze darunter waren. Einer davon ein Nkisi N'Kondi aus Kakongo, eine große, mit Nägeln und Klingen beschlagene Kraftfigur mit weißen Augen und erhobenem Speer, ein Geist der Gerechtigkeit und der Rache. Ich sah diese Skulptur und war sofort gefesselt. Ich ging zurück in meine Bibliothek und ließ mir statt der Bücher für meinen Film die wichtigen Werke zur afrikanischen Stammeskunst und zu den Kraftfiguren bringen. Es gibt verschiedene Theorien dazu, wie die Völker des Kongo mit diesen Geistern lebten. Eine lautet, dass sie einen Vertrag besiegelten, indem sie zu dieser Kraftfigur gingen. Jede der Parteien schlug einen Nagel oder eine Klinge in die mächtige, furchterregende Statue des Mavungu – so der Name der Statue im Oxforder Museum. Er nahm als Geist der Gerechtigkeit den Schmerz gerne auf sich, solange man sich an den Vertrag hielt. Sollte man ihn allerdings je brechen, würde er einen verfolgen und sich für den ihm sinnlos zugefügten Schmerz rächen.

Eine andere Art afrikanischer Statuen, die ich nun kennenlernte, waren die Blolo Bla und Blolo Bian des Baule-Volkes aus der heutigen Côte d'Ivoire. Zu Hunderten, zu Tausenden findet man diese nackten und doch entrückt edlen, liebevollst geschnitzten Männer- und Frauenstatuen, oft von atemberaubender Schönheit, mit immer wiederkehrenden Elementen – der stammeseigenen Narbenzier, den leicht angewinkelten Beinen, an den Bauch gelegten Händen, dem geflochtenen Kinnbart, der kunstvollen Frisur aus zarten parallelen Linien. Und doch jedes Mal ganz anders, sehr spezifisch. Was hatte es damit auf sich? Wie konnte eine so große Anzahl so starker Kunstwerke von so vielen unterschiedlichen Künstlern geschaffen werden? Diese Figuren stellen jenseitige Ehepartner dar. Laut der Religion der Baule wird die Seele aus dem Jenseits in den Fötus inkarniert. Diese Seele war aber im Jenseits, vor seiner Menschwerdung, bereits verheiratet. Jeder Mann hatte bereits eine Ehefrau; jede Frau einen jenseitigen Ehemann. Die jenseitige Ehefrau sieht liebevoll der menschlichen Geburt ihres Geliebten zu, beschützt ihn, beschert ihm eine glückliche Kindheit und Jugend. Doch dann verliebt er sich in eine Menschenfrau, und die jenseitige Ehefrau, die »Spirit Spouse«, wird eifersüchtig. Sie beginnt die Beziehung zu sabotieren und jene unerklärlichen Probleme im Eheleben zu stiften, die bei uns zu den hohen Scheidungsraten führen. Der Baule aber geht zu seinem Priester und klagt ihm sein Leid, seine Verwirrung. Und der Priester erklärt: »Das ist deine Ehefrau aus einer anderen Welt, mit der du schon eine Ewigkeit verheiratet warst, bevor du deine jetzige Frau gefunden hast. Sie ist eifersüchtig. Du musst sie besänftigen. Du musst sie beruhigen. Sie ehren.« Der Priester fordert den Baule-Mann auf, ihm seine Blolo Bla zu beschreiben, und erklärt dem Geplagten, dass er das Bild seiner Ehefrau aus dem Jenseits ganz tief verborgen noch in sich trägt, als halb vergessene Sehnsucht, als Ideal. Dieses Idealbild habe große Ähnlichkeit mit seiner jetzigen Ehefrau, aufgrund dieser Ähnlichkeit habe er sich in sie verliebt. Durch Zauber, Gebet und Meditation führt er ihn nun hin zu diesem Bild und entlockt ihm eine ganz genaue Beschreibung: Wie hoch ist die Stirn? Wie groß die Brust, wie rund die Beine, wie sieht die Narbenzier aus? Und dann entlässt er ihn. Da der Priester des Dorfes aber zugleich auch der Künstler des Dorfes ist, ein Bildhauer, beginnt er jetzt anhand dieser Beschreibung, anhand seiner Kenntnis der echten Ehefrau und anhand seiner spirituellen Intuition eine Statue der Frau aus dem Jenseits zu schnitzen. Diese Statue segnet er und übergibt sie dem Mann. Wenn der Mann dieser Statue täglich Essensopfer bringt und einmal die Woche nicht bei seiner Ehefrau, sondern in einem anderen Raum bei dieser Statue schläft, dann ist seine Blolo Bla besänftigt und wird dem menschlichen Ehepaar keine Schwierigkeiten mehr bereiten. Auch die Ehefrau geht zum Priester und beschreibt ihm ihren Ehemann aus dem Jenseits; er schnitzt auch ihren Blolo Bian; und so entstehen diese liebevollen Statuenpaare, die natürlich künstlerisch-spirituell miteinander zu tun haben und oft noch besser zusammenpassen als ein glückliches menschliches Paar.

Mir wurde klar, dass es dem Künstler in der afrikanischen Stammeskunst wirklich um die Sache ging, um die Gerechtigkeit, die Heilung, die Ermutigung, die Ehrlichkeit und natürlich auch um die Schönheit, die aber nur aus dem Spezifischen entstehen kann. Wäre sein Hauptziel gewesen, sich selbst durch das Kunstwerk ein Denkmal zu setzen, oder wäre es ihm um formale Innovation gegangen oder hätte er die Statue auch nur signiert, dann hätte sie nie ihre spirituelle Kraft entfalten können. Für mich wurde die Begegnung mit dieser reinen, selbstlosen Kunst eine Art Erweckung: Priester, Heiler, Lehrer, Entertainer, Schmücker – all das wollte ich fortan als Autor und Regisseur sein. Nur so würde meine Arbeit so stark werden können wie Mavungu.

Was mich traurig stimmt, ist, dass man auf dem Weg zu einem Werk, das diese Kraft entfalten kann, so viel kämpfen muss. Mein Traum wäre es, dass diese Absicht nicht erst im Werk erkennbar wird, sondern auch schon im Entstehen.

TS *Gibt es eine Kunstepoche, die Sie besonders schätzen? Die für Sie als Filmemacher – als Künstler, der mit Bewegtbildern malt – besonders wichtig ist?*

DONNERSMARCK Im Zweifel ist diese Kunstepoche dann eben doch immer die Gegenwart. Es ist nun einmal das, was Tacita Dean, Ed Ruscha, Cecily Brown oder Lorna Simpson heute machen, für mein Leben relevanter und daher für mich aufregender als die Arbeiten von Turner oder Degas oder de Chirico.

Gleichzeitig gibt es auch Künstler anderer Epochen, denen ich mich sehr, sehr nah fühle. Tizian, zum Beispiel, dessen künstlerische Ehrlichkeit und feine Psychologie nie dem Erhabenen, Majestätischen im Wege steht. Oder auch Tintoretto. Zu Ostern war ich mit meinen Kindern in der Scuola Grande di San Rocco in Venedig, wo Tintoretto die großen biblischen Szenen in monumentalen Wand- und Deckengemälden interpretiert hat. Beim Betrachten dieser Bilder habe ich wieder einmal gemerkt, wie ähnlich die Berufsanforderungen an Regisseur und Renaissancemaler sind: Bei jedem der Bilder musste Tintoretto sich ganz wie ein Regisseur die Frage stellen, wie er durch äußerliche Dinge – Körperhaltung, Kleider, Farben, Setting – das Innere der Figuren und den Kern der Geschichte auf originelle und doch klare Weise ausdrücken kann. So kommt er zum Beispiel in einer 25 Quadratmeter großen Darstellung der *Anbetung der Hirten* auf die Idee, Maria, Joseph und das Kind in einem scheunenartigen Stall nicht wie sonst auf den Erdboden, sondern auf den Heuboden zu platzieren. Inhaltlich sehr einleuchtend, denn so schützen die Eltern das Kind vor Feuchtigkeit und Kälte. Aber dadurch ergibt sich eine prachtvolle, gut herzuleitende visuelle Erhöhung der Heiligen Familie, was auch die Anbetung durch die Könige viel ehrfürchtiger wirken lässt. Alle klassischen Elemente sind da: Heiligenscheine, die Gaben, der Ochse, Krippe, Heu und Stroh. Und doch ist es ganz und gar originell.

In der Scuola Grande di San Rocco hängt halb versteckt im Treppenhaus auch die *Verkündigung an Maria* von Tizian, die Gerhard Richter fünf Mal – mit jeder Fassung abstrakter werdend – kopierte und interpretierte. Natürlich ist Tizians *Verkündigung* ein wunderbares Bild. Und doch sind mir Richters Versionen noch lieber und noch näher.

TS *Was gab den Ausschlag für Sie,* Werk ohne Autor *als erstes Regieprojekt nach* The Tourist *umzusetzen? Was waren die Anfänge, wie lange haben Sie daran gearbeitet?*

DONNERSMARCK Zu wichtigen Momenten bei mir wichtigen Freunden begegnete ich über die letzten Jahre immer wieder dem Werk Gerhard Richters. Erst über dem großen Sofa bei Ulrich Mühe zu Hause – dort hing eine Edition von *Betty*, dem berühmten Bild von Richters Tochter, die den Kopf wegdreht. Ich wusste, es war dieses Bild für Ulrich Mühe und seine Frau Susanne Lothar eine Art künstlerische Messlatte, und ich versuchte seitdem, es zu verstehen. Denn Ulrich Mühe und Susanne Lothar waren große Künstler. Und dann wieder bei meiner

Agentin Beth Swofford in Los Angeles, bei der eines jener mysteriösen, überlagerten Richter'schen Doppelporträts des Künstlerduos Gilbert & George im Wohnzimmer hing, das mich nicht mehr losließ, nachdem ich es sah. Große Kunstwerke vermögen es, dass wir nach ihrer Betrachtung die Welt etwas anders sehen: Nach diesen Gilbert & George-Porträts nimmt man zum Beispiel menschliche Augen, Ohren und Münder wieder als Öffnungen wahr, Löcher, durch die das Leben Erlebnisse in uns hineinzwingt. Man sieht die Künstler als Bearbeitungsorganismen dieser Eindrücke, als Menschen, die um Haltung ringen, hier vielleicht sogar um Eleganz, um Überlegenheit, und doch ganz verloren sind, gar nicht wirklich wissen, was sie tun, weil es gar nicht möglich ist, sich im Unendlichen zu orientieren. Auch bei einem Freund in New York, Noam Gottesman, hing ein Richter, ein *Seestück*, eines jener gefährlich romantischen Bilder aus der Serie, für die übrigens der Künstler letztes Jahr Tom Schilling die Erlaubnis gab, sie als Plattencover für sein Debütalbum zu verwenden. Die romantische Strahlkraft dieses Bildes ist so groß, dass die anderen Bilder aus Gottesmans bedeutender Sammlung daneben verblassen. Auch Wochen und Monate nachdem ich sie gesehen hatte, konnte ich diese Bilder von Gerhard Richter nicht wieder vergessen. Sie waren wie starke Melodien, die einem immer weiter im Kopf herumgeistern. Wie Ohrwürmer. Augenwürmer. Nur, dass sie einen nicht nerven, sondern bereichern.

Vor etwa zehn Jahren gab ich dann Jürgen Schreiber, dem Chefreporter des *Tagesspiegel*, ein Interview – ich glaube, es ging sogar um Ulrich Mühe. Im Laufe des Gesprächs merkte ich, was Jürgen Schreiber für ein interessanter und interessierter Mann war. Ich fragte ihn, mit welchen Themen er sich sonst beschäftigte. Er erzählte mir von einer Richter-Biographie, die er kurz zuvor geschrieben hatte, nachdem er in einem Zeitungsartikel 2004 aufgedeckt hatte, dass der Schwiegervater Gerhard Richters, dessen Tante ja im Rahmen des Euthanasieprogramms der Nazis ermordet wurde, ein überzeugter Nationalsozialist, SS-Obersturmbannführer und Euthanasie-Täter gewesen war, der aber nicht hingerichtet wurde, sondern sogar freikam, weil er nach dreijähriger Kriegsgefangenschaft bei einer problematischen Geburt der Frau des sowjetischen Lagerkommandanten das Leben und das Kind gerettet hatte. Ich war sehr interessiert daran, das Buch zu lesen, und so ließ er mir eine Fotokopie zukommen. Es war sehr gut recherchiert, was mir später bei der Arbeit am Film half, aber es lieferte mir nicht die dramatischen Bausteine, auf die ich gehofft hatte. Vor allem von der Figur des Schwiegervaters hatte ich mir mehr erwartet als einen klassischen Bösewicht. Ich hatte immer große Schwierigkeiten mit Kohls Wort von der »Gnade der späten Geburt«, ein Ausdruck, der zu besagen scheint, dass der Zufall des Geburtsjahres darüber entscheiden kann, ob man zum Menschenrechtsverletzer und Mörder wird oder nicht. Meine Großeltern haben mir schon sehr früh sehr anschaulich erklärt, dass diejenigen, die sich in den zwölf verhängnisvollen Jahren der NS-Diktatur schlecht verhalten haben, schon vor '33 Schufte waren und nach '45 Schufte blieben. Es gibt in jedem Regime, unter allen Umständen, die Möglichkeit, moralisch aufrichtig oder moralisch verderbt zu handeln. Das beweisen uns Figuren wie Sophie Scholl, Schindler, Stauffenberg, Mandela, Gorbatschow, Havel und Richter Falcone auf der einen und Menschen wie Harvey Weinstein und Bernie Madoff und die Sackler-Brüder auf der anderen Seite.

Inzwischen war Sommer 2014, und ich wurde das Gefühl nicht los, dass hier eine große Geschichte schlummerte. »Ein schlafender Riese« – wie mein Freund Bernd Eichinger zu unverfilmten großen Geschichten sagte. Ich beschloss, während der geplanten Sommerferien selbst zu recherchieren. Zunächst waren die Hauptquellen Richters eigene wuchtige und faszinierende Schriftensammlung *Text 1961 bis 2007*, die auch seine Tagebuchaufzeichnungen enthielt, die Biographie *Gerhard Richter, Maler* von Dietmar Elger und das Jürgen-Schreiber-Buch *Ein*

Maler aus Deutschland sowie ein Gesamtverzeichnis aller Werke Gerhard Richters, das 1993 von der Bundeskunsthalle herausgegeben wurde, wo man chronologisch und zueinander maßstabgetreu abgebildet jedes einzelne Werk findet, das Richter seit 1962 erschaffen hat, von der Postkarte bis zum Monumentalgemälde; und schließlich seine eigene Website gerhard-richter.com, die größte und vollständigste Website, die je ein Künstler erstellt hat, eine Herkulesarbeit an Umfang und Akribie.

Manchmal kam es mir bei dieser Arbeit so vor, als hätte Richter wie beim *Da Vinci Code* in diesen Dokumenten sein Leben verschlüsselt. Ich verglich Ereignisse, die in seinem Tagebuch und in den Biographien beschrieben waren, mit den Werken, die zu der Zeit entstanden, sammelte Indizien, reimte mir eine wilde Geschichte zusammen, von der ich jetzt wissen wollte, ob sie irgendetwas mit der Wirklichkeit zu tun hatte. Ich wusste von drei guten Bekannten, dass sie mit Gerhard Richter beruflich zu tun hatten: Einer hatte bei ihm studiert, ein anderer war Kurator, der dritte Professor. Sie kontaktierte ich nun und fragte, ob sie mich Gerhard Richter vorstellen würden, ich bräuchte eine Stunde seiner Zeit, um mit ihm über eine Spielfilmidee zu sprechen. Aber keiner wollte mich vorstellen. Alle fürchteten um ihre Beziehung zu Richter, falls ihm das Filmprojekt nicht gefiele. Es war, als ob man in Rom den Papst treffen wollte. Jeden Kurienkardinal gerne. Aber den Papst – da geht es eben um alles. Sie sagten: In so einem Fall ist es besser, du wendest dich an seine Galeristin Marian Goodman. Aber das kam für mich nicht in Frage. Das wäre, als wenn man einen Schauspieler durch seinen Agenten trifft. Unpersönlichkeit ist dann vorprogrammiert. Und mir ging es ja gerade um das Persönliche.

Ende 2014 war an einer ganz anderen Front die Entwicklung der Produktionsfirma PERGAMON, die ich zusammen mit dem Produzenten Jan Mojto gegründet hatte, so weit gediehen, dass wir die Verträge für unser erstes gemeinsames Projekt unterzeichnen konnten. Wir hatten schon seit längerer Zeit zwei Projekte in konkreter Planung, eines, für das ich schon Jahre recherchiert hatte, und ein anderes, für das wir nach zehn Jahren endlich die Rechte bekommen hatten. Ich saß bei ihm im Büro, und wir planten schon das Drehbuch und den Dreh des anderen Projekts, als ich mir sagte: Wir haben uns als Geschäftspartner versprochen, immer offen miteinander zu sein. Ich musste ihm zumindest von diesem Stoff erzählen, von dem mein Herz gerade voll war. Und so sagte ich: Jan, ich will jetzt nicht alles durcheinanderbringen, aber es gibt eine Filmidee, über die ich seit langem nachdenke. Sie ist noch nicht ganz ausgegoren. Und es gibt noch viele Fragezeichen. Aber ich will sie dir zumindest einmal erzählen und würde den Film gerne irgendwann innerhalb unserer Firma umsetzen. Dann umriss ich ihm die Idee zu *Werk ohne Autor*. Beim Erzählen wurde mir wieder einmal klar, was für eine Kraft in dieser Geschichte steckte. Als ich fertig war, sagte Jan Mojto: Florian. Das musst du machen. Und nicht irgendwann in der Zukunft. Jetzt. Ich war sehr glücklich über seine Reaktion, wir warfen den ganzen Plan um und verabredeten, dass ich bis Ende September 2015 das drehfertige Buch liefern würde.

Beseelt von unserer Verabredung beschloss ich, mich mit der Furcht der anderen gar nicht mehr zu beschäftigen, sondern einen eingeschriebenen Brief an die Adresse zu schicken, die auf Gerhard Richters Website für Lizensierungen angegeben ist. Ich bat darin um eine Stunde seiner Zeit an einem Tag seiner Wahl, um ihm eine Filmidee vorstellen zu können. Der Brief ging Samstag, den 13. Dezember 2014 bei ihm ein. Am 15. Dezember 2014 hatte ich eine E-Mail von Gerhard Richter in meinem Posteingang, in der er mir anbot, in der ersten Januarhälfte – ganz gleich wann – bei ihm vorbeizukommen, und mir seine Handynummer mitteilte, damit wir uns koordinieren können.

Am 8. Januar 2015 fuhr ich im Taxi bei Gerhard Richter vor. Ich überlegte mir fast, es warten zu lassen, weil er recht weit außerhalb wohnt und ich nicht wusste, ob ich eine ganze Stunde bekommen würde. Ich bekam den ganzen Tag und dann noch vier Wochen. Ab dem fünften Tag ließ er mich die Gespräche sogar aufzeichnen. Am Ende nahm er mich mit auf eine Reise nach Dresden, wo wir zusammen die Orte seiner Jugend besuchten, die Hochschule, sein altes Atelier, das Haus seines Schwiegervaters, das Museum und die Parteizentrale, wo er seine großen Wandgemälde schuf. Eine Woche vor dem Ende unserer gemeinsamen Zeit fuhr ich zwischendurch für einen Tag nach München, um Jan Mojto zu treffen. Ich wusste, dass ich danach nur noch eine Woche haben würde, weil Richter mit seiner Familie nach Wien fahren musste. Ein Freund fragte mich, mit welchen Gefühlen ich wieder zurück nach Köln fuhr. Ich überlegte einen Moment, wie ich es ausdrücken könnte, und sagte dann: Wenn mir jetzt jemand anböte, in der Zeit zurückzureisen und diese letzte Woche stattdessen mit Michelangelo zu verbringen, würde ich sagen: Vielen Dank, aber ich fahre doch lieber zu Richter.

Meine Abmachung mit Richter war folgende: Ich behalte die Aufzeichnung von allen Gesprächen für mich, nenne die Figuren anders, arbeite nicht mit seinen, sondern mit eigens für den Film angefertigten Gemälden – glücklicherweise konnten wir dafür Richters Schüler und langjährigen Vormaler Andreas Schön gewinnen –, nehme mir alle inhaltlichen Freiheiten, die ich für den Film brauche, sage aber nie, was wahr ist – sofern es nicht sowieso schon anderswo veröffentlicht ist –, dafür sagt Gerhard Richter im Gegenzug nie, was nicht wahr ist. So bleibt für den Zuschauer das Wichtigste im Bereich der Ahnung – wie in Richters Werk.

Und deshalb werde ich auch von diesem Monat nicht mehr erzählen.

Das Drehbuch lieferte ich am 30. September 2015 an Jan Mojto, der gleich grünes Licht gab. Für die Produktion konnten wir meine alten Studienfreunde Max Wiedemann und Quirin

Berg gewinnen, mit denen wir damals *Das Leben der Anderen* gemacht hatten, als unseren ersten gemeinsamen Kinofilm. Inzwischen haben die beiden eine sehr erfolgreiche, große Firma aufgebaut. Wir versuchten, so weit wie möglich die Mannschaft zusammenzustellen, die wir bei *Das Leben der Anderen* hatten. Die Dreharbeiten gingen im Februar 2017 in Prag zu Ende, und im August 2018 wurde *Werk ohne Autor* bei den Filmfestspielen von Venedig uraufgeführt.

Begleitet wurde das ganze Unterfangen von vielen, vielen Gesprächen dazu mit dem Bildhauer und Fotografen Thomas Demand, der eine tiefe Kenntnis von Theorie und Praxis der Kunst besitzt und sie besser vermitteln kann als irgendjemand, den ich kenne. Manchmal beneide ich seine Studenten an der HFBK Hamburg.

TS *Wie viel Recherchearbeit war vonnöten, um den Film, der den Werdegang eines jungen Künstlers und drei Jahrzehnte deutscher Geschichte erzählt, schreiben und inszenieren zu können?*

DONNERSMARCK Die Hauptfiguren meines Films, Kurt Barnert und Ellie Seeband, sind nur wenig älter als mein Vater und meine Mutter, die beide auch aus dem Osten kommen – meine Mutter aus der Uckermark, mein Vater aus Schlesien. Ich habe meine Eltern und Großeltern und überhaupt alle älteren Menschen von klein auf intensiv befragt zu den Zeiten, die ich nicht erlebt habe. Wenn ich jemanden traf, der im 19. Jahrhundert am Leben gewesen war, was in meiner Kindheit noch recht häufig vorkam, war ich besonders fasziniert. Ich erinnere mich, dass mir als Sechstklässler einmal unser Au-pair-Mädchen Ärger machte, weil ich zwei Stunden zu spät von der Schule nach Hause kam: Ich war im Bus sitzen geblieben, weil ich von dem Gespräch zweier älterer Damen in der Bank vor mir so gefesselt war, dass ich bis zur Endstation hatte mitlauschen wollen. Mir lassen historische Dinge keine Ruhe, bis ich sie zumindest im

Ansatz verstanden habe. Denn ich bin der Überzeugung, dass Menschen vor achtzig oder auch vor tausend Jahren in ihren grundlegenden Eigenschaften und Leidenschaften, Instinkten und moralischen Regungen kein bisschen anders waren als wir heute. Zu diesen Eigenschaften zählen Dominanz, Feigheit, Geilheit, Gier, Rache, Albernheit, Oberflächlichkeit genauso wie Kunstsinnigkeit, Familiensinn, Glaube, Hoffnung, Liebe und Mitgefühl. Es ist für mich immer befremdlich, wenn Leute meinen, dass die Menschen zum Beispiel zur Goethezeit sittlich höherstehend waren oder dass die Handwerkskunst verschwindet und die realistische Malkunst und Bildhauerei. Man braucht sich nur Goethes *Stella* anzusehen, wo zwei Frauen einen Mann lieben und am Ende – wenigstens in der Erstfassung – eine Ménage à trois als die Lösung präsentiert wird. Und die Leute, die über das verschwindende Handwerk klagen, tun es mit einem iPhone in der Hand, einem Juwel der Handwerkskunst, über das ein Roentgen oder ein Fabergé nur gestaunt hätten, und schauen darauf *Jurassic Park* mit seinen perfekt gemalten und skulptierten Dinosauriern an.

Ich hatte eine Rechercheurin an der Seite, die mir auch schon bei *Das Leben der Anderen* beigestanden hatte und die jede Szene auf Herz und Nieren prüfte. Ich ermutigte sie, die größten Experten in jedem Bereich einfach anzurufen und sie mit dem Inhalt der Szenen zu konfrontieren. Glücklicherweise war sie furchtlos genug, das zu tun. Einer, der uns immer mit Rat und Ideen beiseitestand, war Professor Manfred Wilke von der FU Berlin, der ehemalige Leiter des Forschungsverbundes SED-Staat, der mir schon bei *Das Leben der Anderen* ein wichtiger Freund und Berater gewesen war.

Und natürlich halfen mir auch verschiedene Bücher und Texte, von denen einige mich in ihre Zeit geradezu hineinkatapultierten. Manche davon habe ich sogar in den Dialogen zitiert, so zum Beispiel Alexander Dymschitz' Aufsatz zum Sozialistischen Realismus, Adolf Hitlers bösartige, hämische Rede zur

Eröffnung der »Großen Deutschen Kunstausstellung« oder den offiziellen Katalog zur Ausstellung »Entartete Kunst«.

TS *Welche realen Künstler sind relevant für die fiktiven Figuren Ihres Films?*

DONNERSMARCK Ach, das sind zu viele, um sie wirklich aufzählen zu können. Zunächst natürlich Richter, Beuys, Polke, Uecker, Mack und die anderen großen Düsseldorfer dieser Zeit. Dann aber auch Warhol und Yves Klein, Lucio Fontana. Auch Erlebnisse aus Thomas Demands Studienjahren in Düsseldorf habe ich verarbeitet, und aus Adreas Schöns. Und natürlich aus meiner Zeit an der Filmhochschule in München. Dann kamen uns am Set verschiedene Künstler besuchen und gaben auch ihre Gedanken mit – der große Andreas Gursky war für einige Tage da und Albert Oehlen mit seiner entzückenden Tochter. Ich habe sie natürlich gleich ausgefragt, um alles noch ein bisschen echter zu machen. *Werk ohne Autor* ist aber kein Schlüsselroman, in dem ich nur die Namen verändert hätte. Ich habe mir bei der Zeichnung der Figuren Freiheiten genommen. Der Film soll nicht dokumentarisch sein. Das war mir allein schon deshalb wichtig, weil ich nicht wollte, dass meine Schauspieler das Gefühl haben, sie müssten jemanden nachahmen – für mich die niedrigste Form von Schauspielerei. Ich wollte, dass sie dem Wesen der Figuren auf den Grund gehen können.

TS *Warum wird die unmittelbare Nachkriegszeit, die Zeit des Wiederaufbaus, erst jetzt für das deutsche Kino so interessant und wichtig?*

DONNERSMARCK Das ist eine wirklich interessante Frage, die ich mir auch oft stelle. Die unmittelbare Nachkriegszeit, gerade von 1945 bis 1956, als wieder Vollbeschäftigung herrschte, ist für mich historisch und psychologisch eines der faszinierenderen

Kapitel der deutschen Zeitgeschichte. Wie hier die Bevölkerung eines Landes, das eine gigantische Schuld auf sich geladen hatte und dafür dezimiert, geviertelt und entmündigt wurde, in der Not so zusammenkommen und zusammenhalten konnte, dass es ihr gelang, fast das ganze zerbombte Land wiederaufzubauen – das ist schon etwas Großes. Gleichzeitig war es natürlich nur dank massiver Verdrängung möglich, überhaupt solche Kräfte zu entfalten. Man sprach nicht, wenn man schuldig geworden war, um sich nicht zu belasten, und man sprach nicht, wenn man unschuldig gewesen war, um sich nicht anhören zu müssen, dass doch alle schuldig waren. Man sprach schon gar nicht von seinem Leid, nicht von den Freunden und Geschwistern und Kindern, die von den Bomben getötet worden waren; nicht von den Morden und Misshandlungen an den deutschen Kriegsgefangenen; nicht von den Vergewaltigungen der Frauen; von den Erniedrigungen; vom Verlust der Heimat. Denn das Klagelied des Täters will verständlicherweise niemand hören. Aber das Leid ist dennoch weiterhin da. Und jeder Psychologe wird Ihnen erzählen, dass es kaum etwas Ungesünderes gibt, als sich erlittenes Leid nicht selbst einzugestehen, schon gar, wenn es mit Schuld gekoppelt ist. Und mit dieser Verdrängung des Leides sind jetzt zwei Generationen großgeworden. Ich habe eine Freundin, nur wenig älter als ich, die vor ein paar Jahren einen Nervenzusammenbruch erlitten hatte. Sie musste ihr Geschäft schließen, sich in psychiatrische Behandlung begeben. Im Rahmen der Gesprächstherapie kamen die Ärzte zu dem auch für sie erstaunlichen Ergebnis, dass sie kriegsgeschädigt sei und dies aufgrund ihrer zarten Veranlagung lang verdrängt habe, aber nun das in tausend kleinen Handlungen von ihren Eltern und Großeltern weitergegebene Leid nicht mehr zu verdrängen imstande war. Ich halte das nicht für esoterisch. Man muss sich doch nur umsehen: die Hässlichkeit der provisorischen Bauten aus den Fünfzigern und Sechzigern – Narben, die einem in jeder deutschen Stadt an jeder Ecke ins Auge springen –, jetzt verwitterter und hässlicher als je zuvor, weil sie eben nicht die bedächtige, geplante, gewachsene Solidität der Altbauten haben konnten. Das beruhigende Gefühl, das man in London hat oder in Paris oder in jeder anderen europäischen Großstadt, in der die gewachsenen Strukturen nicht vollständig zertrümmert wurden. Und wie unsere Politik bis zum heutigen Tage, gerade in den großen Entscheidungen, von der verdrängten Schuld und dem verdrängten Leid der Großelterngeneration dominiert wird.

Bei alldem hilft der Trost der Kunst. Denn die Kunst verdrängt nicht und lässt sich nichts oktroyieren. Wenn sie verdrängt oder sich Vorgaben machen lässt, hört sie auf, Kunst zu sein. Die große Kunst, die in den Sechzigern in Düsseldorf entstand, war völlig frei. Und somit konnte aus dem Schlimmsten, was Deutschland je getan und erlitten hat, wie durch ein Wunder das Größte entstehen.

TS *Sie leben in den USA. Empfinden Sie sich als deutscher Filmemacher?*

DONNERSMARCK Ich empfinde mich als europäischen Filmemacher. Ich bin Deutscher, bin aber auch in Belgien aufgewachsen, habe in Deutschland, aber auch in Russland und England studiert. Mein Produzent ist aus der Slowakei, meine Editorin Französin, meine Maskenbildner Italiener. Für mich ist Europa nicht ein politischer Traum, sondern gelebte Realität. Das schlägt sich in meinem Denken und sicher auch in meinen Filmen nieder.

TS *Wie war die Erfahrung, erstmals seit* Das Leben der Anderen *wieder in Deutschland einen Film zu drehen? Was hat sich verändert seit Ihrem Debüt? Wie war es, wieder mit vielen Ihrer Team-Mitglieder von* Das Leben der Anderen *zusammenzuarbeiten?*

DONNERSMARCK Die Filmindustrie in Deutschland ist aus gutem Grund selbstbewusster geworden. Dank unseres gut funktionierenden Fördersystems und der fähigen und verlässlichen Team-Mitglieder, die man in Deutschland findet, wurden hier im letzten Jahrzehnt viele internationale Filme und Serien gedreht. Dadurch hat ein großer Wissens-Transfer stattgefunden, und gleichzeitig haben die deutschen Crews gemerkt, dass sie sich vor niemandem verstecken müssen. Die Gewerkschaften sind entsprechend stärker geworden; Arbeitszeitregelungen wurden verschärft; Praktika de facto abgeschafft. Wir können also nicht mehr durch Leidenschaft ausgleichen, dass die deutschen Budgets nicht so hoch sind wie die der Amerikaner. Wir müssen es durch noch bessere Leistung tun.

Für mich war es aber hauptsächlich interessant zu sehen, wie sich all die Menschen verändert haben, mit denen ich damals *Das Leben der Anderen* gemacht habe, und wie sehr ich von ihren neuen Erfahrungen profitieren konnte.

Simone Bär, unsere geniale Casting-Direktorin, war schon vor *Das Leben der Anderen* berühmt, denn sie hatte *Good Bye, Lenin!* besetzt. Seit unserem Film hat sie mit Stephen Daldry bei *Der Vorleser* gearbeitet, mit Quentin Tarantino bei *Inglourious Basterds*, mit Wes Anderson bei *Grand Budapest Hotel* – jeder dieser Filme wurde ein bisschen zur Legende, und das hat sicher mehr als nur ein bisschen mit ihr zu tun.

Die Kostümbildnerin Gabriele Binder hat seit *Das Leben der Anderen* in der Ringbahnstraße in Tempelhof einen großen zeitgenössischen Kostümfundus aufgezogen, den sie COMME des COSTUMES genannt hat, als Hommage an Rei Kawakubo, die Gründerin der Modefirma COMME des GARÇONS. Angelina Jolie, die von Kleidung mehr versteht als die meisten, hat eingesehen, dass es in Gabriele Binder jemanden gibt, von dem selbst sie sich auf dem Bereich führen lassen kann, und hat sie bei ihrer ersten Regiearbeit als Kostümbildnerin gewählt.

Die Produzenten Max Wiedemann und Quirin Berg haben

inzwischen eine große Firma aufgebaut, die allein während der Zeit, als ich *Werk ohne Autor* gemacht habe, über vierzig Filme produziert hat, darunter ein halbes Dutzend Tatorte, die erfolgreichste deutsche Komödie des Jahres 2016 und die erste deutschsprachige Serie für Netflix 2017. Wenn Sie von jedem dieser Filme auch nur das Drehbuch lesen und ihn sich einmal ansehen würden, hätten Sie für wenig anderes Zeit. Insofern ist es natürlich ein anderes Arbeiten als vor zehn Jahren, wo jeder Schminkwagen von ihnen selbst eingerichtet war. Irgendwo will man als Regisseur natürlich immer ganz egoistisch, dass Produzenten sich nur um den eigenen Film kümmern; aber natürlich profitierte ich auch von ihrem neuen Status und gewonnenem Verhandlungsgeschick.

Silke Buhr, die Szenenbildnerin, hat seit *Das Leben der Anderen* noch zwei weitere Deutsche Filmpreise gewonnen, einen davon für *Poll* von Chris Kraus, in dem Paula Beer mit vierzehn ihre erste Kinorolle spielte. Für den Film hat sie mitten ins baltische Meer ein Herrenhaus gebaut. Silke ist eine Meisterin eines ganz eigenen ästhetischen Understatements, das den Schauspielern viel Raum lässt, ihre Kunst zu entfalten. Daran hat sich nichts geändert.

Mein Vetter Christoph von Schönburg, der – wie bei *Das Leben der Anderen* – ganz allein das gesamte Sound-Design verantwortet hat, war natürlich wieder dabei. Er hat inzwischen mit Roland Emmerich an dessen Shakespeare-Film gearbeitet und mit Caroline Link an ihrem wunderschönen *Im Winter ein Jahr*. Zwischendurch hat er bei Günther Jauchs *Wer wird Millionär?* nicht etwa den Sound gestaltet, sondern eine halbe Million Euro gewonnen. Das Geld wurde aber gleich in ein prachtvolles Heimstudio investiert, so dass ich bei *Werk ohne Autor* gleich doppelt von seiner Kultur und Bildung profitieren konnte.

So könnte ich von den unglaublichen Erfahrungen und Entwicklungen im Leben eines jeden aus meiner Mannschaft erzählen. Aber das tut hoffentlich bereits der Film!

TS *Das Leben der Anderen – Wie blicken Sie heute darauf zurück?*

DONNERSMARCK Ich kann mich heute an *Das Leben der Anderen* mehr freuen als damals, weil das ganze Herausbringen des Films für mich sehr stark von Ulrich Mühes Krankheit, tödlicher Diagnose und Tod überschattet war. Ulrich und seiner Frau Susanne Lothar war es sehr wichtig, dass niemand außer uns von seinem Leiden und bevorstehenden Tod erfuhr. Sie wollten nicht, dass sich die Bewunderung für Ulrich Mühes Leistung mit Mitleid mischt. Sie wollten reine Bewunderung, was ich verstehe. Zumal seine Krankheit ganz direkt mit der Diktatur zu tun hatte und die Rückkehr der Krankheit ganz klar mit den persönlichen Anfeindungen, die Ulrich wegen des Films zu erleiden hatte. Sowohl Susanne als auch meine Frau Christiane und ich versuchten immer, ihn durch besondere Freudebekundungen und Ausgelassenheit aufzuheitern und mitzureißen. Es gelang natürlich nur bedingt und hinterließ bei uns dreien ein etwas trauriges, schales Gefühl. 2007 starb Ulrich Mühe dann. Im Jahr darauf bekam auch mein Vater eine tödliche Krebsdiagnose und starb wiederum im Jahr darauf. Zwei Jahre später nahm sich mein bester Freund das Leben. Ich hatte seit meinem ersten Film an einem Drehbuch gearbeitet, in dem Selbstmord ein zentrales Motiv war, konnte es jetzt nicht mehr verfilmen. Es waren also die Jahre um *Das Leben der Anderen* für mich sehr traurige Jahre. Du musst jetzt in hellere Farben kommen, waren Ulrich Mühes Worte zu mir am Ende. Umso mehr freue ich mich heute, wenn Menschen mir sagen, was ihnen der Film bedeutet. Eigentlich kann ich es erst jetzt richtig hören. Und rein praktisch gilt natürlich: Niemals hätte ich einen Film wie *Werk ohne Autor* machen können, wenn *Das Leben der Anderen* nicht eine so positive Rezeption erfahren hätte.

TS *Wie ist die Figur von Kurt Barnert entstanden? Was zeichnet ihn aus, warum sollte er im Mittelpunkt der Geschichte stehen?*

DONNERSMARCK Kurt Barnerts Leben macht deutlich, dass wir Menschen eine fast alchimistische Fähigkeit besitzen, aus den schlimmen Dingen, die uns allen im Leben widerfahren, etwas Gutes zu machen. Gerhard Richter wurde vor kurzem in einem Interview mit dem Louisiana Museum nach der Macht der Kunst gefragt. Er antwortete sinngemäß, er halte dieses Wort für falsch, für ihn habe Kunst keine Macht, sie könne aber Trost spenden. Ich habe lange darüber nachgedacht, was er damit meint, denn ich empfinde es ähnlich. Und auch auf die Gefahr hin, dass es pathetisch klingt, was ich jetzt sage: Ich glaube, es bedeutet, dass jedes große Kunstwerk ein Stoff gewordener Beweis dafür ist, dass es möglich ist, ein Trauma in etwas Positives zu verwandeln.

TS *Ebenso wichtig ist Barnerts Nemesis, Dr. Carl Seeband. Wie haben Sie diese Figur entwickelt? Um was für eine Art von Mensch handelt es sich bei ihm?*

DONNERSMARCK Eine Frage, die sich mir bei Beschreibungen von Rassenwahn und der Versessenheit auf Intelligenz und gesunde Gene, wie sie einem Seeband eigen sind, immer stellt, ist: Wie sieht eigentlich das Endziel dieser Leute aus? Glauben sie wirklich, wenn alle Menschen blauäugig geworden sind und zwanzig Klimmzüge schaffen und selbst ihren Motor flicken und Goethe zitieren können, dass dadurch das Glück größer werden wird? Ein Vetter und eine Cousine von mir organisieren jedes Jahr eine Fünftagereise für etwa sechzig Menschen mit schwerer Behinderung und für etwa ebenso viele Pfleger. Es ist eine lange, beschwerliche Fahrt, wo sich alle gegenseitig gut kennenlernen. Ich bin bisher dreimal als Pfleger mitgefahren, das erste Mal während meiner Filmschulzeit. Mir wurde dabei klar, dass das fundamentale Glück und das fundamentale Unglück unter den Menschen mit Behinderung ziemlich genau so verteilt waren wie unter den Pflegern. Natürlich war das Leben der Menschen mit Behinderung mit Mühen und auch mit Schmerzen verbunden. Aber für die Grundzuversicht, für die Lebensfreude machte das keinen wirklichen Unterschied. Die hatten mit ganz anderen Dingen zu tun.

Ebenso hatte ich bei vielen Gelegenheiten, wie ja auch bei diesem Film, mit Menschen mit Down-Syndrom und mit ihren Eltern und Geschwistern zu tun. Menschen mit Down-Syndrom sind meist besonders fröhlich und liebevoll, verzeihen einem jede Grobheit sofort, sind oft der Kitt, der die Familien zusammenhält. Diese positiven Aspekte überwiegen bei den Familien gegenüber der Mühsal der Betreuung ganz massiv. Und dadurch war für meine Frau und mich, als der Frauenarzt bei einem unserer Kinder nach einer feindiagnostischen Ultraschalluntersuchung mutmaßte, dass es vielleicht das Down-Syndrom haben könnte, undenkbar, das Risiko einer Fruchtwasseruntersuchung auf uns zu nehmen. Was will man denn im Leben anderes als Liebe und Verzeihen und Glück und Zusammenhalt? Der Frauenarzt aber fand diese Entscheidung sehr befremdlich, riet vehement zu der Untersuchung. Ich schilderte ihm meine Beobachtung, dass die Familien, die ich kenne, durch diese Kinder alle glücklicher geworden waren. Er sagte, das möge ja stimmen, er habe Ähnliches auch erlebt, aber das Kind habe ja trotzdem einen genetischen Defekt, und wolle man wirklich einen Menschen mit schadhaften Genen in die Welt bringen? Ein Gedanke, der genauso von einem Seeband hätte kommen können. Die Denke eines Professor Seeband war mir also sehr, sehr fremd. Aber ich wollte ihn dennoch von innen schildern. Ich wollte ihn verstehen. Und so ließ ich mich von Texten leiten, die ihn geprägt haben mochten – vor allem von Nietzsche und Wagner –, und suchte Bücher, die mir einen positiven Blick in seine disziplinierte Seele erlauben könnten, wie zum Beispiel die Schriften Ernst Jüngers.

TS *Lange bleibt unklar, ob sich* Werk ohne Autor *nicht in einen Rachethriller verwandeln könnte – eine Möglichkeit, die sich regelrecht aufdrängt, der Sie aber widerstanden haben. Haben Sie jemals mit dem Gedanken gespielt, die Geschichte in diese Richtung zu entwickeln?*

DONNERSMARCK Eine ähnliche Frage wurde mir manchmal zu *Das Leben der Anderen* gestellt. Da verschwindet Ulrich Tukurs Figur, MfS-Oberleutnant Grubitz, komplett, ohne bestraft zu werden. Und Thomas Thiemes Figur, ZK-Mitglied und Minister, wird ebenfalls nie belangt. Aber braucht es wirklich diese Strafe? Alles, woran der Minister ein Leben lang gebaut hat – der Staatsapparat der DDR –, ist weg, er lebt jetzt als Bürger der verhassten Bundesrepublik Deutschland, bekommt von Gnaden dieses Feindes eine Pension und muss sich von Sebastian Kochs Figur, einem machtlosen Kulturschaffenden, den er früher mit einer Unterschrift hätte vernichten können, einen Satz sagen lassen wie: Dass Menschen wie Sie einmal ein Land regiert haben! Für mich ist das Sieg genug.

Bei Seeband ist es noch extremer: Er war überzeugter Nationalsozialist, hat diese Ideologie vollständig scheitern und sein Land durch sie kaputtgehen sehen. Hat von seiner Überzeugung in die nächsten Systeme aber immerhin herüberretten können, dass er aufgrund seiner Disziplin, seiner Gesundheit, seiner Intelligenz und seiner wissenschaftlichen Kompetenz unantastbar bleibt. Dank dieser Eigenschaften hat er seine Schuld auch geheim halten und seinen Kopf aus der Schlinge ziehen können. Das gibt ihm ein Gefühl der Überlegenheit und der Sicherheit. Daher ist es für ihn auch so unvorstellbar, dass sein einziges Kind sich mit einem machtlosen Künstler einlässt, den er noch dazu für schwächlich und nur mittelmäßig intelligent erachtet. Er bekämpft die Beziehung mit allem, was ihm zur Verfügung steht. Und muss am Ende sehen, dass eben dieser Künstler ihn mit den Mitteln der Kunst besiegt und entlarvt. Von dem, wodurch er sich definiert, ist nichts mehr übrig. Und damit ist er vollkommen zerstört.

TS *Einige Fragen zu den Schauspielern: Warum haben Sie Tom Schilling und Paula Beer gewählt – gerade Paula Beer war ja im Grunde noch eher unbekannt, als Sie sie besetzt haben? Auch von Saskia Rosendahl hatte man noch nicht viel gehört. Oliver Masucci hatte Hitler gespielt …*

DONNERSMARCK Ich habe mit sehr vielen Schauspielerinnen Probeaufnahmen gemacht für die Rolle von Ellie. Es waren sehr viele gute Schauspielerinnen darunter. Aber Paula Beer hatte eine solche geschmackliche und stilistische Sicherheit und passte so gut als Tochter von Sebastian Koch, dass bald klar war: Sie ist die Richtige für die Rolle. Sie hat eine verblüffende Reife in ihrem Spiel – gleichzeitig hat sie die Schönheit der Anfang Zwanzigjährigen. In ihrer altmodischen, damenhaften Anmut wirkt sie manchmal wie eine Zeitreisende und hat doch die Stärke und Natürlichkeit der modernen Frau. Bei Paula Beer kommt einfach alles zusammen. Sie ist ein Glücksfall für jeden Regisseur.

Tom Schilling kenne ich schon sehr lange. Wir waren im Jahr 2000 zusammen auf einigen Festivals, ich mit meinem Kurzfilm *Dobermann*, er mit dem großartigen Langfilm *Crazy* von Hans-Christian Schmid. Ich war damals auf der Filmschule, er sogar noch auf dem Gymnasium. Seitdem war er mir in Jan-Ole Gersters zarter, melancholischer Berlin-Komödie *Oh Boy* aufgefallen und in der beeindruckenden Miniserie *Unsere Mütter, unsere Väter* von Philipp Kadelbach, produziert von Nico Hofmann. Er war als Kind schon Schauspieler in DEFA-Filmen gewesen und bringt daher sehr viel Erfahrung mit. Dennoch waren die Probeaufnahmen mit ihm nicht wirklich überwältigend. Ich konnte es mir nicht ganz erklären. Ich quälte ihn immer und immer wieder mit neuen Castings, wollte mir ganz sicher sein. Irgendwann schrieb er mir einen langen, perfekt formulierten Brief, in dem er mir erklärte, warum nur er die Rolle spielen kann und warum ich in einer Casting-Situation bei ihm niemals das würde sehen können, was ich sehen wollte, es im Film aber sehr wohl sehen würde. Beides überzeugte mich, und ich gab ihm die Rolle. Beim Dreh und im Schneideraum habe ich mich dann oft gefragt, ob dieser Film überhaupt seine Kraft hätte entfalten können, wenn Tom Schilling nicht so gut Briefe schreiben könnte. Denn einen genaueren, subtileren Schauspieler kann ich mir nicht vorstellen. Und keinen, der besser auf die Rolle passt. Tom Schilling versteht alles, ist immer perfekt vorbereitet, hat ein untrügliches Gespür dafür, wie er die Würde einer Figur, die er spielt, gegen alles verteidigt. Er schafft inmitten des Drehs, trotz der riesigen Mannschaft und des technischen Apparates, konsequent und verlässlich Momente der größten Intimität. Das erfordert eine Konzentrationsfähigkeit, die nur den ganz großen Schauspielern eigen ist. Zu denen gehört Tom Schilling für mich.

Die Probeaufnahmen mit Saskia Rosendahl waren ein sehr emotionales Erlebnis für mich. Simone Bär hatte zwei Tage für Tante-Elisabeth-Probeaufnahmen angesetzt, mit vielen unterschiedlichen Schauspielerinnen – eine Stunde pro Schauspielerin. Keine von ihnen war bekannt, aus dem einfachen Grund, dass Schauspieler mit Anfang zwanzig nur sehr selten bekannt sind. Der Ruhm kommt für Schauspieler meistens eher mit Ende zwanzig, Anfang dreißig, wenn sie genügend Gelegenheit hatten, der Welt ihre Kunst nahezubringen. Alle Schauspielerinnen hatten zwei Szenen erarbeitet, die Klavierszene und die Szene in Seebands Büro. Saskia Rosendahls war erst das zweite Casting am ersten Tag. Ich war von der ersten Schauspielerin schon recht angetan gewesen. Aber als Saskia Rosendahl anfing zu spielen, die Szene am Klavier, lief mir ein Schauer über den Rücken. Da stand Tante Elisabeth vor mir, wie ich sie geschrieben hatte. Sie war Freiheit, Kunst, Schönheit, extreme Sensibilität und Wahnsinn alles in einem. Ich wollte ihr sofort die Rolle geben, wusste aber, dass ich ja noch viele andere Schauspielerinnen treffen sollte, später am selben und über den ganzen nächsten Tag. Auch hatte ich bei ihr erst eine der zwei Szenen gesehen, nur eine Facette. Ich dachte auch an eine Regel, die Regisseuren bei Castings immer nahegelegt wird – eigentlich eine sinnlose Binsenweisheit, die ungefähr lautet: Selbst wenn es dir gefällt, wie ein Schauspieler die Rolle anlegt, fordere ihn auf, sie noch einmal anders zu spielen, damit du siehst, wie gut er mit Anweisungen umgehen kann. Ich fragte also: Saskia, kannst du mir das noch einmal genauso spielen. Und die Tante ein bisschen höher geschraubt, ein kleines bisschen wahnsinniger anlegen? Und Saskia Rosendahl machte natürlich genau das. Es war wieder genauso stark, nur halt ein bisschen höhergeschraubt, ein kleines bisschen wahnsinniger. Während sie spielte, bekam ich plötzlich regelrecht Angst, dass wir irgendetwas wegspielen, etwas verbrauchen, was ich dann später nicht mehr für den Film haben würde. Und dass sie mir für die Rolle absagen könnte, weil sie mich vielleicht unheimlich oder unsympathisch oder zu groß finden könnte oder weil ihr die Rolle vielleicht zu nahe ging oder zu anstrengend war oder was auch immer. Sie war ja offensichtlich jemand, der Dinge nicht auf konventionelle Art anging, den man nicht berechnen konnte. Ich sagte also, gleich als sie fertig war: Saskia; ich muss die zweite Szene nicht mehr sehen, würde mit dir auch gar nicht proben wollen. Brauche auch keine anderen Schauspielerinnen für die Rolle zu treffen. Wenn du die Rolle willst, hast du sie. Willst du sie? Ich wäre geehrt, wenn du in meinem Film die Tante Elisabeth spielst. Glücklicherweise sagte sie mir gleich zu. Wir gingen zusammen aus dem Studio vor zu Simone Bärs Büro, und ich beichtete ihr, dass sie den anderen Schauspielerinnen würde absagen müssen. Aus ihrem liebevoll-spöttischen Lächeln glaubte ich herauszulesen, dass sie das alles genau so geplant und vorhergesehen hatte ...

Oliver Masuccis Hitlerfilm habe ich mir absichtlich nicht angesehen, weil ich fürchtete, dass es mir danach schwerfallen würde, ihn als wahrheitssuchenden Künstler zu sehen. Gerade weil er ihn so gut gespielt haben soll. Ich traf ihn zu Probeaufnahmen, und wir waren beide extrem nervös. Das lag meinerseits auch daran, dass uns gar keine Alternativbesetzung für die Rolle eingefallen wäre. Oliver Masucci und ich setzten uns erst einmal zusammen an Simone Bärs Küchentisch und tranken Kaffee. Wir unterhielten uns über Gegenwartskunst, über Schauspielkunst, über Agostino Masucci, den Barockmaler, seinen Ahnherren. Schließlich fragte ich ihn, ob wir nicht vielleicht einfach zusammen die Szenen lesen wollten. Wir begannen. Ich machte im Anschluss gar keine Aufnahmen mehr, weil mir schon die Tränen kamen, als er die Texte auch nur las. Und so bot ich auch ihm an Ort und Stelle die Rolle an. Der Kameramann ging unverrichteter Dinge heim.

TS *Nach Das Leben der Anderen spielt erneut Sebastian Koch eine Hauptrolle in einem Ihrer Filme – allerdings in* Werk ohne Autor *eine grundlegend andere Figur. Was zeichnet ihn aus? Hat er sich verändert?*

DONNERSMARCK Sebastian Koch war der erste Schauspieler, dem ich von dem Projekt erzählte. Entgegen meinem Prinzip als Autor, die Figuren als echte Menschen zu schreiben und nicht eigens für einen Schauspieler, schrieb ich ihm Professor Seeband halt doch auf den Leib. Ich konnte mir einfach keinen anderen Schauspieler für diese Rolle vorstellen. In der ersten Woche schrieb ich sogar in seinem Haus am See in Brandenburg, bis es mir dort zu einsam wurde und ich nach Los Angeles floh. Sebastian Koch ist für mich ein echter Kreativpartner. Ich bespreche mit ihm so ziemlich alles.

Verändert hat er sich nicht wirklich. Obwohl sich in seinem Leben seit unserer letzten Zusammenarbeit viel getan hat. Er hatte zum Beispiel noch keine Kinohauptrolle gespielt, als wir *Das Leben der Anderen* drehten. Inzwischen hat er zahlreiche Hauptrollen gespielt, hat mit Paul Verhoeven gearbeitet, mit Steven Spielberg, mit Tom Hooper, war der Oberböse in *Stirb langsam*, hat im Kino neben Klaus Maria Brandauer gespielt, neben Julianne Moore. Und bereitet sich trotzdem so auf Rollen vor, als ginge es um seine ganze Karriere. Das wird bei ihm nie anders sein. Ich wünsche mir sehr, dass er für diese unglaubliche Leistung endlich auch allgemein als der Schauspiel-Gigant gesehen wird, der er einfach ist. Manchmal ist man zu geblendet von seinem guten Aussehen, um zu erkennen, dass er noch besser spielt, als er aussieht.

TS *Warum haben Sie Caleb Deschanel als Kameramann gewählt? Wie sah Ihre Zusammenarbeit aus? Welche anderen Schlüsselpositionen in den einzelnen Gewerken waren für Sie von besonderer Bedeutung?*

DONNERSMARCK Caleb Deschanel ist ein Genie. Ein Genie der Lichtsetzung, der Bildgestaltung, der Farbgebung. Sein erster Film als Kameramann, *Der schwarze Hengst*, war einer der ersten Kinofilme, die ich je gesehen habe, mit sechs Jahren, in einem Freilichtkino in New York. Ich erinnere mich an ganz viele der Bilder. Sie haben sich mir eingeprägt wie eigene Erlebnisse. Er ließ mich schon als Kind erahnen, dass Kameraführung auf höchstem Niveau genauso Kunst sein kann wie Malerei. Es war ein lang gehegter Traum, einmal mit ihm zu arbeiten. Und mit jedem Vorbereitungs-, Dreh- und Nachbereitungstag wuchs meine Bewunderung für ihn.

Maurizio Silvi war mein Maskenbildner bei *The Tourist* und ist einer der liebevollsten, begabtesten Menschen, mit denen ich je gearbeitet habe. Durch ihn kommt so viel Harmonie und Schönheit ans Set, dass ich ihn unbedingt auch für diesen Film haben wollte. Glücklicherweise konnte ich auch Aldo Signoretti für das Haar-Design bekommen, einen Mann, der sogar Homer Simpsons Haare gut aussehen lassen könnte. Das Duo Maurizio und Aldo zeichnet für die Filme von Baz Luhrman (*Moulin Rouge, Der große Gatsby*) und Paolo Sorrentino (*Die große Schönheit, Jugend*) verantwortlich. Die besondere Eleganz, die diesen Regie-Kollegen zugeschrieben wird, ist zu einem beträchtlichen Teil auf das Talent von Aldo und Maurizio zurückzuführen.

Ganz entscheidend war natürlich auch Max Richter. Sein Orchesterstück *November* war das Leitmotiv für den Film. Es begleitete mich über die ganzen Dreharbeiten und den Schnitt. Die Wochen mit ihm in den Cotswolds in Oxfordshire und in den Air Studios in London gehören zu den schönsten Erinnerungen an diesen Film. Er ist ein Mann von tiefer Bildung und großer Weisheit. Seine Musik hat wirkliche Heilkraft. Und ist immer wunderschön.

Von meiner französischen Film-Editorin Patricia mit dem sehr unfranzösischen Nachnamen Rommel habe ich über die Jahre mehr gelernt, als man als Regisseur eigentlich zugeben dürfte. Begleitet wurde sie bei diesem Projekt von einem amerikanischen Co-Editor, Patrick Sanchez-Smith. Eine Frage, die Max Wiedemann mir bei *Das Leben der Anderen* einmal stellte: Wenn du noch zehn Jahre Zeit hättest, würdest du einen einzigen Schnitt verändern?, kann ich dank Patricia Rommel und Patrick Sanchez-Smith hier abermals mit Nein beantworten.

Herausgebracht wird der Film wieder von dem Buena Vista Team, das auch *Das Leben der Anderen* in die Kinos gebracht hat. Obwohl uns zwei andere Verleiher sogar finanziell bessere Angebote gemacht hatten, war es für uns klar, dass wir wieder mit Buena Vista arbeiten wollen. Denn ein Team von solch positiver Dynamik, wie Roger Crotti es leitet, findet man kein zweites Mal, weder hier noch auf der anderen Seite des Atlantiks.

TS *Der Dreh von* Werk ohne Autor *war sehr aufwändig und kräftezehrend. Wie haben Sie ihn rückblickend erlebt?*

DONNERSMARCK Es war ein komplexer Dreh, der uns viel abverlangt hat und manchmal lange Arbeitstage mit sich brachte, der aber glücklicherweise unter einem guten Stern stand. Es war sehr harmonisch mit allen Schauspielern – ein konzentriertes, vertrauensvolles Arbeiten. Die Team-Mitglieder waren allesamt hochkompetent, und auch das Wetter spielte mit, sodass wir sogar drei Tage früher fertig wurden, als ich ursprünglich geplant hatte. Was mich besonders gefreut hat, war, dass unser gesamtes Team inhaltlich so involviert war. Jeder hat gespürt, dass wir eine Verantwortung gegenüber der Generation unserer Eltern und Großeltern haben, diese Epoche wahrhaftig darzustellen. Jedes Team-Mitglied hatte einen Sinn für die Kunst, von der wir hier erzählen. Alle brachten ihre persönlichen Erlebnisse in die Gestaltung ein. Insofern war der Dreh eine besonders gute Erfahrung.

TS *Sie sind ein Perfektionist. Welche Rolle spielt für Sie der Schnitt? Und hat sich* Werk ohne Autor *im Schnitt noch sehr verändert? Was war entscheidend?*

DONNERSMARCK Da muss ich Ihnen widersprechen. Mir geht es nie um Perfektion. Das hieße ja, dass ich irgendeinem theoretischen Ideal nachjagen würde. Nichts ist perfekt. Es gibt aber einen Punkt, der klar definierbar ist, wo man aus jeder Schauspielleistung das Beste herausgeholt hat, wo kein Schnitt mehr schmerzt. Das ist nicht geschmäcklerisch oder esoterisch. Es ist wie auf den Renaissance-Gemälden: Ein wirklich großes Gemälde unterscheidet sich von einem mittelmäßigen unter anderem darin, wie viel Mühe sich der Maler mit dem dritten Engel in der zweiten Reihe von hinten gegeben hat. Dort, wo man über das Nötigste hinausgeht, da beginnt Kunst, da beginnt Kino.

TS *Was waren auf dem Weg die entscheidenden Schritte? Und ist es der Film geworden, den Sie machen wollten, als Sie die ursprüngliche Idee hatten?*

DONNERSMARCK Als Jan Mojto das Greenlight gegeben hat, als Max Wiedemann und Quirin Berg an Bord kamen, als Simone Bär mir diese ganzen phantastischen Schauspieler fand, als die Sender und Förderungen sich von dem Drehbuch begeistert zeigten und beschlossen, den Film zu unterstützen, auch in der Größe und der Länge, die erforderlich waren – da wusste ich, dass der Film gemacht werden wird. Und als die großartigen Department Heads an Bord kamen, da wusste ich, dass ich ihn auch so würde machen können, wie ich es mir immer vorgestellt hatte.

TS *Gibt es eine Szene, die Ihnen persönlich ganz besonders am Herzen liegt?*

DONNERSMARCK Besonders froh bin ich über die Liebesszenen. Kurt und Ellie werden von allen Seiten angefeindet, werden trotz – oder vielleicht gerade wegen – ihrer Wahrheitssuche überall bekriegt. Aber eine Insel des Glücks und des Vertrauens haben sie: ihre Liebe. Dort können sie sich einander in aller Verletzlichkeit zeigen. Dass es uns gelungen ist, das in Bilder und Musik zu fassen, in erotische Szenen, wie sie nur wenige Schauspieler zustande bringen, das freut mich vielleicht von allem am meisten.

Emulsion und Wirklichkeit

*Thomas Demand und Alexander Kluge im Gespräch
über den Film* Werk ohne Autor.

THOMAS DEMAND Ich habe schon recht früh mit Florian Henckel von Donnersmarck über *Werk ohne Autor* gesprochen. Was ich von Anfang an sehr bemerkenswert fand, ist die Tatsache, dass die figurative Malerei in dem Film gewissermaßen eine Hauptrolle spielt. Was man ja sehr selten im Kino sieht. Der Maler setzt sich mit einer Fotovorlage auseinander, sie bringt ihn auch weiter, aber er merkt, dass sie zu gegenständlich, zu banal ist, zu aufdringlich. Und so nimmt er die Gegenständlichkeit etwas zurück und gelangt mit der Malerei an einen freieren Ort. Ich fand es sehr interessant, dass dieser entscheidende Moment in dem Film so präzise herausgearbeitet wird: als er den Abstand gewinnt, als das Werk ohne den Autor auskommt.

ALEXANDER KLUGE Ja – scheinbar ohne den Autor. Aber dennoch ist der Autor natürlich da. Wir haben aus der Zeit der Romantik eine falsche Vorstellung ererbt. Ein großer Künstler muss in der Nietzsche-Nachfolge mindestens verrückt sein. Es ist auch sehr berufsspezifisch, sich ein Ohr abzureißen – was Mozart ja nicht getan hat. Dieser Fetisch des übertriebenen Ich – als ob der Künstler selber die Realität macht. Dabei müsste ja für den Künstler mehr als für jeden anderen der Begriff *persona* gelten, von *personare* – durchtönen: Eine Wirklichkeit tönt durch ihn hindurch. Dadurch ist er objektiv und subjektiv zugleich. Er ist dadurch ganz er selbst, weil er die Ich-Schranke runterschraubt und für die Welt durchlässig wird.

Das gilt übrigens für jede menschliche Zelle. Wenn die sich so verhalten würde wie ein Künstler-Ich im traditionellen Sinn, dann würde sie nichts hereinlassen und nichts hinauslassen –

sie würde nicht mehr leben. Man kann einen Künstler auch mit einer Fledermaus vergleichen, die Impulse aussendet und das Echo, etwas sehr Immaterielles, wieder aufnimmt. Dieses Echo ist das eigentliche Produkt, nicht das, was die Fledermaus an Lauten von sich gibt. Erst durch das, was die Welt ihr zurückspielt, kann sie sich orientieren. Oder nehmen Sie ein ganz anderes Lebewesen: die Meduse. Die besteht nur aus Haut, nur aus Sinnlichkeit. Sie hat kein steuerndes Zentralhirn, kein *störendes* Zentralhirn. Ich empfinde dies als ein Abbild künstlerischen Daseins.

DEMAND Der Film dreht sich also nicht um einen exzentrischen Künstler, der den großen Wurf aus seiner Seele heraus schürft, sondern eher um eine sensible Person, welche die Realität um sich herum wahrnimmt und eine Form findet, die Welt anders zu sehen oder anders zu interpretieren – ja, was macht sie? Ist es eher Analyse oder Interpretation der Welt?

KLUGE Ich glaube, es ist eine Emulsion – so ähnlich wie eine lichtempfindliche Platte, die ein Foto hervorbringt. Das macht sie nicht durch Aktivität, indem sie etwas formen würde wie eine Maschine, sondern indem sie empfängt, registriert und wiedergibt. Bestimmte Emulsionen können das auf bezaubernde Weise. So ist Kurt Barnert im Grunde ein Echo seiner Zeit – genauer gesagt: dreier Epochen, beginnend mit dem Dritten Reich, das er als Kind erlebt. Und sehr intensiv ist auch die Atmosphäre der DDR dargestellt. Das ist Henckel von Donnersmarck ja schon in *Das Leben der Anderen* auf, wie ich finde, einmalige Weise gelungen.

DEMAND Zum Teil ja so gut, dass ihm das vorgeworfen wurde, weil man nicht akzeptieren wollte, dass einer, der aus dem Westen kommt, das so authentisch zeigen kann. Das ist übrigens ein großes Problem, an dem die Kunst im Allgemeinen gerade krankt – das Postulat, dass man nur über das eigene Leid sprechen kann und nicht über das Leid der anderen – darauf sollten wir später noch kommen. Aber zunächst zurück zum Protagonisten und seinen ersten künstlerischen Schritten: Im Grunde geht es ja schon mit den kindlichen Erlebnissen in Dresden los.

KLUGE Richtig – auch wenn er das alles nicht direkt erlebt oder verarbeitet hat: Es ist ja bei vielen Künstlern so, dass sie bestimmte Erfahrungen machen, und erst dreißig Jahre später wirken sie sich aus. Diese Erfahrungen graben sich durch den ganzen Menschen. Insofern sind Eindrücke, die man als Kind hat, unheimlich prägend. Bei Kurt Barnert folgen auf diese Eindrücke zunächst viele Anpassungen, aber auch Abwehrbewegungen während seiner Zeit in der DDR. Das hat ja auch viel Komik, wenn er in der Plakatmalerwerkstatt Plakate ausmalt – und auch das gründlich macht, auf besondere Weise, obwohl er dort keinen subjektiven Spielraum hat.

DEMAND Und unter dem Tisch hat er die Totenköpfe liegen, Zeichnungen, vielleicht ein Ausdruck traumatischer Erfahrungen – der Vorarbeiter sieht darin das ganze Leid seiner zerstörten Heimatstadt, aber vielleicht auch einfach nur das Genre von Bildern, die man als junger Mann in dem Alter halt macht. Es gibt ja in dem Film immer wieder Bilder, die in die Irre führen. Auch die ersten Bilder, die er im Stil des sozialistischen Realismus malt – das läuft dem Kurt alles gut aus der Hand, und es sagt auch was, es sagt nur uns nichts mehr: Er befindet sich nach unserem heutigen Kunstverständnis auf einem Irrweg.

KLUGE Na ja, mag sein, dass auch wir uns manchmal irren oder nicht richtig suchen. Mir ist zudem Folgendes aufgefallen: Kurt ist ja eine fiktive Figur, in der vieles verdichtet wird. Und auch eine ganze Reihe von Frauen ist in einer Figur zusammengefasst. Das darf der Spielfilm. Er darf auch konfrontativ verdichten: Der Arzt und Mörder, der möglicherweise die Tante umgebracht hat, ist dann der Schwiegervater des Protagonisten. Diese Zusammenziehungen haben eine verblüffende Wirkung – man prüft sich selbst dann doch sehr viel stärker: Wie wäre das, wenn ich so einen Menschen in meiner Familie hätte, ganz in meiner Nähe und auch noch mit dem Einfluss auf das ungeborene Kind? Mit der Vertrauenswürdigkeit des Arztes und der Nichtvertrauenswürdigkeit der Person? Diese Zusammenziehungen erzeugen eine zwingende Kraft, die man durch bloßes Malen und bloßes Bücher-Erzählen nicht erreichen kann.

DEMAND Ich wollte nochmal auf die Malerei kommen, weil mich das als Produzenten von Bildern natürlich besonders beschäftigt hat. Natürlich sind diese Bilder für Kurt in den jeweiligen Phasen seiner Entwicklung richtig, angefangen mit den Skizzen des kleinen Jungen. Sie sagen, was sie sagen sollen, und beschreiben, wo er zu dem Zeitpunkt steht – aber sie sind eben nicht viel mehr als ein Kommunikationsmittel. Sie kommen nicht nah genug an den Menschen Kurt Barnert heran, um ihn wirklich ausdrücken zu können. Die Kunst hingegen, die ihm am Ende gelingt, ist dann sehr viel mehr als die Darstellung dessen, was auf dem Bild zu sehen ist. Das Zustandekommen dieser Bilder wird über den ganzen Film sichtbar. Erst das Zurücknehmen des Könnens, über das Barnert ja verfügt, wie wir gesehen haben, führt ihn zu einer Form, die seinem Zweifel und seinem Zögern entspricht, und dadurch viel aussagekräftiger, viel monumentaler, viel bedeutender wird. Und es ist sehr wichtig für den Film, dass die Kunstproduktion hier so nuanciert ausgeführt wird.

KLUGE Das hat mich auch beeindruckt. Florian Henckel von Donnersmarck hat sich hier auch als Filmemacher sehr deutlich zurückgehalten. Er behauptet nicht mehr, als er offenkundig beobachtet hat. Wie er zum Beispiel mit der Unschärfe umgeht,

ist überhaupt nicht schematisch. Er sagt nicht etwa: Ja, so wie Baselitz die Bilder halt gerne auf den Kopf stellt, so liebt Barnert die Unschärfe. Nein, er beginnt mit realen Erlebnissen, in denen das Kind ganz naiv die Hand vor das Gesicht hält, als wollte es sagen: »Ich will das nicht sehen.«
Bei Goya ist es anders: »Das habe ich gesehen! – Yo lo vi!«, schreibt er zu den Skizzen aus dem Bürgerkrieg, erschreckende Bilder. Hier, im Film, ist es beinahe das Gegenteil: »Ich mag das nicht sehen, ich kann das nicht sehen. Es soll verschwinden«, scheint der Junge zu sagen. Aus dieser Kraft heraus entstehen differenzierte Bilder, keine direkte, lineare Abbildung. Gerade weil er es nicht sehen will, sagt Kurt Barnert nicht: »Ich muss dieses Bild so und so machen.« Vielmehr zeigt er ein nahezu alchimistisches Probierverhalten, er zeigt Skrupel, und erst nach einem langen Prozess sagt er: »Das ist es.«

DEMAND Es haut ja auch nicht sofort hin. Auf der Ausstellung am Ende des Films gibt es bessere und schlechtere Bilder. Das sind noch nicht die Ikonen, die man später mit Millionen bezahlen wird. Das ist noch wacklig.

KLUGE Und wer das zugibt, gehört zur Kunst. Wer das übertüncht, ist ein Dekorationsmaler.

DEMAND Wie würden Sie die Darstellung der DDR und überhaupt den historischen Kontext mit Blick auf Ihre eigene Biografie einschätzen – ist das sehr realitätsnah oder ist das eher eine filmische Welt? Kommt das hin?

KLUGE Das kommt auf verblüffende Weise hin. Ich habe schon seit 1946 im Westen gelebt und war nur in den Ferien in der späteren DDR. Das war ein etwas privilegierterer Status. Ich bin also nicht ganz so sehr von der ostdeutschen Welt geprägt, kenne die Atmosphäre aber sehr gut.

Ich war 1945 dreizehn Jahre alt, wie Gerhard Richter. Und man darf nicht unterschätzen, wie viel man in diesem Alter wahrnimmt: Es ist eminent viel. Man sieht ja auch über die Blicke der Erwachsenen; man hat sozusagen vierzehn Augen. Man nimmt an Dingen teil, die man gar nicht begreift. Und vielleicht begründen sie dreißig Jahre später die Motivation, genau dieses Empfinden auszudrücken.

DEMAND Auch Sie haben sich in der Vergangenheit zu den historischen Umständen des »Euthanasie«-Programms der Nazis geäußert, etwa in dem Kurzfilm *Welches Recht auf Treue hat der Frontsoldat?*.

KLUGE *Werk ohne Autor* greift auch hier entlarvende Details auf. Ich nenne mal ein Beispiel: Da sagt der Psychiater Kroll, der das sogenannte »Euthanasie«-Programm leitet: »Wir können nicht zulassen, dass man einem verwundeten deutschen Soldaten einen Krankenhausplatz verwehrt, weil er zur Hege und Pflege unwerten Lebens verwendet wird.« Das ist ein tückisches Argument – man durchschaut es, wenn man hier einen Lackmustest anwendet und genau prüft. Dann wird man nämlich feststellen, dass auch hirnverletzte Frontsoldaten des Ersten Weltkriegs, die nicht mehr zu heilen waren, im Rahmen des Programms ermordet wurden. Das wurde dann später von einem nationalsozialistischen Richter, aus dem eigenen Justizapparat der NSDAP, geahndet. Diese Art von Realität wird in dem Film auf verblüffende Weise beobachtet und dargestellt.

Auch die Rolle der Medizin im Nationalsozialismus wird ja in der Figur von Kurt Barnerts Schwiegervater Seeband, der den Tod der Tante mit einem Kreuzchen in der Akte besiegelt, wie in einem Brennglas gebündelt. Man lehnt diese Figur emotional sofort ab. Später ist man aber irritiert darüber, dass er seinem Vorgesetzten die Treue hält – und zwar zu einem Zeitpunkt, wo keine Sanktionsgewalten ihn dazu zwingen. Auch lange nach dem Krieg verrät er dessen Wohnsitz nicht. Solche Dinge sind sehr gut beobachtet – ganz ähnlich wie in *Das Leben der Anderen*. Die induktive Beobachtung des Films stellt wiederum die Glaubwürdigkeit her für das, was als künstlerische Tätigkeit im Film gezeigt wird. Und ich finde es bemerkenswert und bewundernswert, dass diese Genauigkeit auch mit Blick auf die Kunst Gültigkeit hat. Man weiß ja, wie ein UFA-Film oder ein DDR-Film eine Künstler-Biografie beschrieben hätte. *Werk ohne Autor* gelingt es, all diese Klischees zu vermeiden.

DEMAND Das habe ich Florian auch bei unseren Gesprächen in der Vorbereitung auf das Drehbuch immer wieder gesagt, und vielleicht war das auch der Grund, aus dem ich mich engagiert habe für das Projekt: Filme, die Kunst thematisieren, zeigen den Künstler meist als eine Art Black Box, aus der dann irgendetwas Überraschendes herausspringt. Der Künstler wirft in solchen Filmen seine Seele nach außen, und damit können alle Schwächen im Drehbuch übertüncht werden. Ich habe nie gesehen, dass im Film plausibel wie hier dargestellt wird, wie Kunst entsteht und was sie bedeuten kann.

KLUGE So ist es. In der Kunst steckt hier ein Anti-Realismus, der seine Wurzel im Gefühl hat. Auch nach ihrer Ermordung ist Tante Elisabeth für Kurt Barnert nicht verloren – obwohl er weiß, dass sie umgebracht wurde. Und das will er ausdrücken. Das sind nicht Zweifel an seiner Qualität als Künstler, sondern Zweifel: Was ist wirklich?

DEMAND Nochmal zurück zur Rolle des Schwiegervaters, des Gynäkologen Seeband. Er ist ja hier in mehrfacher Hinsicht Herr über Leben und Tod. Auch Ihr Vater, Herr Kluge, war Arzt. Gibt es etwas in dem Film, das Sie an ihn erinnert?

KLUGE Mir ist vor allem die Art aufgefallen, wie hier ärztliche Autorität inszeniert wird. »Zweifelst du meine Fachkenntnisse an?«, sagt Carl Seeband zu seinem künftigen Schwiegersohn. Es gibt ein Gespräch zwischen Ernst Jünger, Carl Schmitt, dem Finanzminister Popitz und Ferdinand Sauerbruch in Dahlem im November 1942 – ein langes Gespräch über den Unterschied zwischen politischer, militärischer und ärztlicher Autorität. Und diese ärztliche Autorität ist eine Art Nebengewächs der übrigen Autoritäten, aber sie ist unglaublich stark. Der Arzt ist Herr über Leben und Tod, der dem Tod ein Bein stellen kann. Daraus folgt ein exzessives Selbstbewusstsein, über das zweifellos auch mein Vater verfügte. Und ob das in jedem Fall beichtfähig wäre, das möchte ich bezweifeln.

DEMAND Genau dieses Selbstbewusstsein strahlt der Schwiegervater, Seeband, ja aus.

KLUGE Ja, und es wird sehr stark dargestellt und durchgehalten, einschließlich einer Moralität ganz eigener Art. Dieser Charakter ist ja nicht kriecherisch und nur dem System hörig. Solche Hybris entstammt dem Selbstbewusstsein des ärztlichen Standes, und der kann zaubern.

DEMAND Dieses Übergriffige, Herablassende – ich finde, das ist schauspielerisch von Sebastian Koch eine hervorragende Leistung. Er muss an einigen Stellen Sätze sagen, die ein Mensch unter normalen Umständen gar nicht herausbringen würde. Es ist ja auch nicht so, dass er immer ganz oben steht – er macht Wandlungen durch und fällt sehr tief. Das kann man sehr gut mitverfolgen in der Darstellung.

KLUGE Das ist eine ganz starke Figur. Heinrich George hätte einen solchen Charakter sicher auch spielen können. Aber man muss auch bedenken, dass es nicht nur einen einzigen autoritären Charakter gibt, sondern einen ganzen Zoo davon. Und jeden dieser autoritären Charaktere muss man einzeln beschreiben, in seinen jeweiligen Eigenheiten. Das ist wichtig, wenn Sie Gegenmittel gegen das Autoritäre entwickeln oder so einen Menschen irgendwie überzeugen wollen. Ein schönes Beispiel für die starken Sätze des Films findet man auch in der Szene, als Seeband das Kind des russischen Lagerkommandanten auf die Welt bringt, ein Kind, das mit den Beinen zuerst auf die Welt will – was nicht geht. Er muss es im Mutterleib drehen, was viel Feingefühl erfordert. Als ihn der Kommandant fragt, warum er das tut, obwohl er ein Feind ist und von den Russen auch als solcher behandelt wird, sagt er: »Weil ich es kann.«

DEMAND Kommen wir zum letzten Teil des Films, zu den frühen 1960er Jahren in Düsseldorf. Eine sehr prägende Figur ist der Künstler, der im Film Antonius van Verten heißt, aber unzweifelhaft nach dem Vorbild von Joseph Beuys angelegt ist. Ich erinnere mich an eine lange Diskussion, vielleicht sogar einen Streit über Beuys, den ich vor vielen Jahren mit Florian bei ihm zu Hause in Los Angeles geführt habe. Ich glaube, damals wusste er noch gar nicht, dass er den Film machen wollte. Es ging bei der Diskussion um ein Interview, das Beuys circa Ende der Siebziger dem SWR gegeben hatte. Der Interviewer sitzt im heißen Studio mit seidenem Halstuch in Tweed-Jacke, schwitzt und beißt sich an Beuys die Zähne aus, was aber vor allem daran liegt, dass er nicht Beuys vor sich sitzen sieht, sondern nur dieses Superzeichen, diese Karikatur, über die sich damals auch jeder lustig gemacht hat – diesen Mann mit dem Hut, der über Filz und Fett redet, den man gar nicht ernst nehmen könne, und so sei halt die zeitgenössische Kunst … Aber in diesem Interview versucht Beuys wirklich ernsthaft, seine Botschaft zu ventilieren. Ob er darin sehr erfolgreich war, weiß ich nicht genau, aber Florian hatte etwas Vorbehalte, weil er die Selbstdarstellung katastrophal fand. Ich erwiderte, dass man sich damals nicht selbst dargestellt hat, zu einer Zeit, wo es nur drei Fernsehsender gab und man als Künstler praktisch nie im Fernsehen saß. Und dass Beuys der Einzige war, der diese Konfrontation überhaupt gesucht hat und nach außen gegangen ist, sich zum Beispiel nicht entblödet hat, dieses Lied zu singen: *Sonne statt Reagan*. Ich fand aber doch, dass er sich wacker schlägt, und eine der letzten Fragen des Interviewers war dann: Können Sie mal Ihren Hut abnehmen? Das war so, wie wenn man über eine Frau sagt: Was hat denn die auch für ein Kleid an! So tief sank das Niveau. Und trotzdem hat Beuys sich dem allen gestellt – den Hut aber nicht abgesetzt. Das habe ich Florian versucht nahezubringen. Und ich glaube, er hat sich danach noch viel mit Beuys beschäftigt.

In jedem Fall finde ich diese Beuys-artige Figur im Film sehr glaubwürdig, trotz ihrer – wie soll ich sagen – dünnen Präsenz. Er ist kein Malerfürst, kein Künstler, der allen alles bietet, er ist selbst voller Zweifel, kein Mensch, an den man sich anlehnen oder mit dem man Feste feiern wollte. Er ist überhaupt keine Vaterfigur, ist an einigen Stellen provokant und eigentlich nicht einmal besonders liebenswert.

KLUGE Mich hat diese Figur berührt. Sie trifft auf den jungen Kurt Barnert in einer Situation, wo der gerade – als frischer Westler – ausufert: Kunst als luxuriöse Tätigkeit, nach allen Richtungen. Man kann alles probieren, alles machen, alles ist machbar. Und in dieser Post-Post-Moderne tritt er stark und überzeugend auf, vor allem in dem Monolog, als er Kurt Barnert mit seiner Einschätzung konfrontiert: »Das gefällt mir alles nicht. Vielleicht wirst du noch was, aber durch das, was du hier machst, nicht.«

Und das hat gesessen. Fand ich verblüffend. Und trifft den wirklichen Beuys enorm. Ich kenne ihn eigentlich nur, aber das sehr intensiv, aus der Gründungszeit der Grünen. Wo er ganz naiv, aber mit einer sehr starken Haltung aufgetreten ist. Beuys war ja nicht der Auffassung, dass Kunst irgendetwas außerhalb des Lebens sein kann, sondern bestand darauf, dass sie in das Leben hineingehört und mit einer Haltung verbunden sein muss. Nun kann man ja auf einem Parteitag nicht künstlerisch tätig werden, aber man kann eben solch eine Haltung entwickeln. Und diese Haltung, die er im wirklichen Leben einnimmt, die versuchte er auch im Kunstbereich beizubehalten, um nicht als Künstler Ornamentalist und Zuschauer zu werden. Also: Ich bin Produzent meines Lebens und nicht Zuschauer meines Lebens – das ist eine Kernthese von Beuys.

Ich muss dabei auch an den toten Hasen aus seiner Aktion *Wie man dem toten Hasen die Bilder erklärt* denken. Der Hase ist tief verwurzelt in der jüdischen Tradition, wo er ein Symboltier für Tapferkeit ist. »Der Mut des Hasen« – das wäre in deutscher Sprache nicht üblich zu sagen, wir sprechen immer vom Angsthasen – der kann aber, wie wir auch aus dem Kinderbuch *Unten am Fluss* wissen, enorm tapfer sein, und das hat Beuys auch politisch ausgedrückt. Wenn die Fantasie ein Fluchttier ist, wie das Pferd zum Beispiel – Pferde sind von Natur aus Fluchttiere, werden aber im militärischen Bereich zum Angriff ausgebildet, dann werden sie zu fürchterlichen Aggressoren –, was passiert dann mit der Fantasie, wenn wir sie mutig für den Kampf einsetzen? Über diese Drehung hat Beuys auf dem Parteitag gesprochen. Das hat damals kaum einer verstanden, weil wir von der Aktualität ausgingen, und das passte natürlich als Cross nicht auf die aktuelle Politik. Aber er sagte: Wovor wir uns am meisten fürchten, entlang dieser Widerstandslinie entsteht unsere größte Energie – die müssen wir einsammeln und in Granaten verwandeln. Das ist die Haltung, die er künstlerisch durchgehalten hat. Und das ist es auch, was die Figur im Film dem jungen Kurt vor Augen führt. Gerhard Richter meint, so wäre es alles nicht gewesen – aber ich glaube doch, dass es so war.

DEMAND *lacht* Und es ist ja dann auch irgendwann egal, ob es so war.

KLUGE Ja, in einem Spielfilm ganz egal. Auch der sozialistische Lehrer ist sehr gut getroffen, übrigens.

DEMAND Das finde ich auch. Und er ist ja auch irgendwie ein anständiger Kerl. Das sind eben doch dann auch alles Personen und nicht nur Chargen, die irgendetwas auslösen sollen. Wenn es einen Film dieser Art über Sie als Künstler gäbe – wie würden Sie damit umgehen?

KLUGE Ich hätte Lust weiterzumachen – würde ich mal so sagen. *lacht*

DEMAND *lacht*

KLUGE Thematisch wichtig ist hier die Frage der Haltung. Sie ist wichtiger als die Frage, ob man in historische Situationen kommt, in denen man versagt. Man ist nicht Herr darüber, in welche Situationen man kommt. Dass man politisch korrekt ist, das kann man nicht selber machen, da muss man Glück haben. Dass man eine Haltung hat, das kann man beeinflussen, unabhängig davon, in welche Situationen man gerät.

Und das ist eigentlich der Haupt-Ausdruck für mich an diesem Film: Wie wirkt sich das auf die Künste aus? Das gefällt mir gut. Darin kann ich mich gut bewegen. Es würde auf meine Biografie nicht ganz passen, weil ich nicht ganz so offensiv gelebt habe wie Kurt Barnert oder auch wie Gerhard Richter als Vorlage für die Figur.

DEMAND Aber es lässt sich eben auch nicht anders als mit der Kunst sagen, in diesem Film. Dieses feine Verhältnis zwischen Situation, Haltung und Kunst lässt sich in seiner Komplexität nicht in einer Zeile zusammenfassen. Der Film gibt einem ja auch keine eindeutigen Antworten und Lösungen an die Hand.

KLUGE Ganz genau. Das macht die Qualität des Films aus. Es wäre auch ziemlich albern, wenn ein Film mir vorschreiben wollte, wie ich künstlerisch tätig sein sollte. Aber er kann mir einen Raum geben.

DEMAND Dass der Film sich diese Feinheit und Offenheit bewahrt hat, trotz der vielen Gremien, Diskussionen und Erklärungsrunden, durch die er vermutlich gehen musste, ist erstaunlich. Es ist auch eine große Qualität, wenn man so vieles unausgesprochen lassen kann, ohne dass beim Zuschauer der Eindruck des Unklaren bleibt ...

KLUGE ... und man zugleich die Grundeigenschaften, die das Vorbild des Kurt auch wirklich hat, so vollumfänglich behandelt. Zum Beispiel die Richter'sche Unschärfe wird sehr differenziert und überhaupt nicht schematisch behandelt.

DEMAND Im Gegenteil. Und das ist sehr wichtig. Man verfolgt das als Künstler ja sehr genau, denn Richter ist nun einmal einer der Apostel der Modernen Kunst. Richter macht enorme Umstände, um es frisch zu halten, um dem Schematischen aus dem Weg zu gehen. So hat er jahrelang nur abstrakt gemalt, um das nicht zur Technik verkommen zu lassen. Und auch ein großer Teil seiner wenigen, aber sehr konzisen Schriften befasst sich ja auch mit diesem Moment des Zögerns, das der demonstrativen Gewissheit entgegensteht.

KLUGE So kann man sagen: Was einer nicht tut, gehört genauso zur Kunst wie das, was einer tut. »Ich weiß, dass ich nichts weiß« – das würde beim Künstler heißen: »Ich bin stolz auf das, was ich ausgelassen habe. Durch Ikonoklasmus bin ich stark.« Gerhard Richter ist im Geheimen wohl auch ein Ikonoklast.

DEMAND Ist *Werk ohne Autor* ein Unterhaltungsfilm?

KLUGE Nein, das würde ich nicht sagen. Aber es ist ein Spielfilm. Ein Spielfilm muss nicht typisieren, aber er soll die Konfrontationen, die im Leben verstreut liegen, konzentrieren: Wenn einer im Laufe der Zeit 49 Geliebte hat, dann werden die im Film in einer Figur zusammengezogen. Der Ausdruck »Spielfilm« ist vielleicht mehrdeutig: Spielfilm nennt man einen Erfahrungsschatz, der es erlaubt, etwas zu übersetzen in eine innerlich den Zuschauer bewegende Handlung. Handlung ist eine Form des Dramas. Wenn Sie oder Gerhard Richter etwas machen, dann hat das nicht die Form des Dramas. Es kann dramatisch sein, es kann diese Wirkung haben, aber es ist kein Drama in dem Sinn, dass es zielgerichtet auf ein Ende zusteuert. Die bildenden Künste sind hier viel passiver als der Film – zumindest als der Spielfilm, der ja nur eine Art unter vielen ist.

DEMAND Ihre eigenen Filme folgten den Gesetzen des Spielfilms nur widerwillig.

KLUGE Gar nicht. Bei mir ist der Spielfilm zusammengezogen auf Szenen, die zwei oder drei Minuten dauern.

DEMAND *lacht*

KLUGE In komprimierter Form gibt's den Spielfilm bei mir also schon, aber ich bleibe nie lange dabei. Wenn ich dazu etwas ausholen darf: Meine Ideale liegen im Stummfilm. Der Stummfilm hätte eine grandiose Weiterentwicklung erfahren, wenn nicht der Tonfilm das Theater als Oktroi auf den Film gesetzt hätte. Die Theaterspannung ist dem Film ja eigentlich fremd – die Kamera kennt von sich aus keine Dramatik – diese Theaterspannung hat sich auf den Film gesetzt, sodass alle Formen des Films nach und nach entmündigt werden. Die Handlung tötet gewissermaßen die Beobachtung.

DEMAND Es gibt einen Moment in der Filmgeschichte, wo im Stummfilm noch nicht das Theater oder die Oper übernimmt, wo er aber auch kein reiner Dokumentarfilm ist, eine eigenartige Zwischenphase, in der zum Beispiel Artisten gefilmt werden – das dauerte nur wenige Jahre, bis dann die Zuschauer vermutlich von den Spielhandlungen mehr fasziniert waren. Bei Ihren Filmen spüre ich auch immer diese Spannung. Man sieht den Protagonisten, die ja nie einer linearen Handlung vom Anfang bis zum Ende folgen, auch gewissermaßen beim Leben und nicht nur beim Spielen zu – reine Darstellung ist das nicht.

KLUGE Richtig. Aber gehen Sie mal davon aus, dass nicht das eine gut und das andere schlecht ist. Es gibt die ganze Fülle der Erfahrung, die die Filmgeschichte uns hinterlässt. An jedem Punkt können Sie auf die Töne, die Sie kennen, eine Obertonreihe setzen, dann kommt eine große Vielfalt heraus. Und die ist in der Lage, Konstellationen zu bilden. Die Kamera und das Tonbandgerät eröffnen eine Beobachtungssubstanz, und diese Substanzen können Sie nach gravitativen Verhältnissen gegeneinanderführen. Wenn Sie das tun, ohne sich besonders einzumischen, wenn Sie also die Fähigkeit haben, Ihren Ich-Input herauszunehmen, dann kann ein guter Film entstehen. Der entsteht, weil der Film selber eine eigene Intelligenz besitzt. Seine Parameter sind kleine Intelligenzen, die sich zu einem Korallenriff vereinigen – so entsteht ein guter Film. Da ist sehr viel Selbstregulation drin, und ich würde den Regisseur in diesem Sinne auch als Arzt bezeichnen, als Ermöglicher von Leben. Er setzt einen Rahmen und verschwindet möglichst wieder aus dem Produktionsprozess. Das machen Sie als bildender Künstler nicht wirklich anders.

DEMAND Damit kommen wir dann auch wieder auf den Gegenstand des Films zurück.

KLUGE Genau. Wir können das aber auch an Ihrer Arbeit veranschaulichen: Da kann man deutlich beobachten, dass es Ihnen an Ego in keinster Weise fehlt. Dennoch sind Sie in der Lage, eine Sogwirkung zu erzeugen, die das Gegenteil von Effektmacherei ist. Ein Historienmaler häuft Effekte an – ich könnte Ihnen auch Moderne nennen, bei denen das der Fall ist. Diese gehäuften Wirkungen nehmen dem Zuschauer das Denken ab. Sie dagegen ziehen den Zuschauer in das Bild hinein.

Wenn wir vor einem Bild der Titanic stehen oder vor einem Bild vom Floß der Medusa, dann ist da eine gewisse Verrücktheit drin, denn wir sind längst eingeschifft. Wir sind *auf* dem Floß der Medusa, wir sind keine Betrachter. Den Betrachter gibt es in unserer Zeit gar nicht mehr, der fällt dem nächsten Luftangriff zum Opfer. Das ist die Grunderfahrung.

Was tue ich selbst, wenn der Autorenfilm droht, schematisch zu werden? Ich verbünde mich meinetwegen mit Schlöndorff – der ist ein zuverlässiger Konfektionsmagnet –, und die Reibung zwischen unseren Herangehensweisen führt zu *Deutschland im Herbst*. So etwas habe ich schon mindestens fünf Mal gemacht und deswegen bin ich auch ein Freund von Kooperationen: Ich kann nicht alles selbst machen wollen, wenn ich es gut machen will. Das passt allerdings auf Gerhard Richter nicht – der tauscht nicht. Da ist er im Grunde wie so ein DDR-Zensurbehörden-Vorsitzender.

DEMAND Das ist ja auch das Gute an *Werk ohne Autor*: Kurt Barnert ist eben nicht Richter. Wenn man über Herrn Richter im Zusammenhang mit dem Film diskutieren würde – was ja vermutlich unvermeidlich ist –, dann verkürzt man die Möglichkeiten des Films. Richter ist ein Exempel, und ich glaube, er begreift sich in diesem Zusammenhang auch so, als exemplarisch, ohne jemand anderes darzustellen.

KLUGE Man bekommt bei diesem Film Lust an der Erlebnisfähigkeit des Menschen, an der Sinnlichkeit des Menschen. Und man versteht, dass die Sinnlichkeit auch fordert, dass ich manchmal die Augen verschließe. Man wird vielleicht sagen: Warum habt ihr bei Auschwitz nicht aufgepasst? Auch wenn es uns widerstrebt: Man muss wenigstens denken können, dass der Mensch von Natur aus ein Leugner von Verhältnissen ist, die ihn verletzen. All das kommt zum Ausdruck in diesem Film. Man bekommt Lust an dem Instrument Mensch, das unter anderem als Künstler tätig ist, manchmal als Arzt – aber Sie können auch als Eisenbahner sensibel sein.

Es ist ein Film über Metier, über Lust am Metier, und darüber, was ein Metier überhaupt ist. Die ganze Skala wird durchgespielt, angefangen von dem DDR-Professor, der sagt: »Ihr müsst euch hingeben, ihr müsst folgebereit sein und nicht sagen: Ich, ich ich«, bis zu diesem Ausbruch, mit Preusser zusammen, wo Kurt Barnert in den Westen kommt, und plötzlich ist alles möglich, und sie sagen: »Wir probieren alles aus, wir fangen alle Künste nochmal neu an.«

DEMAND Das ist eine schöne Szene, Barnerts Anfänge mit Professor Grimma an der Akademie in Dresden, auch wenn es solche Vorlesungen so vermutlich nie gab. Weil der Osten darin über den Westen spricht – und man sofort sieht, dass der Osten den Westen gar nicht begreift. Für den Künstler, der da steht, hat es gar nichts damit zu tun, dass er der Darsteller eines politischen Systems ist. Es geht aber nicht um ideologische Gegensätze, sondern darum, dass man die Sache immer auch ganz anders sehen kann: Picasso ist nicht degeneriert, sondern das Problem liegt ganz woanders – an dem Ich, an dem Ich von Picasso – und das ist natürlich hochpolitisch, aber nicht politisch im Sinn von Kommunismus gegen Kapitalismus, das ist dann lediglich die Auswirkung davon. Und dieser Moment lässt sich auch nicht abtun dadurch, dass er im Osten stattfindet.

KLUGE Und allein das reicht schon für einen guten Film, für hundert Minuten würde das reichen an Erfahrung. Das macht mir richtig Lust, mir vorzustellen, dass wir beide, Sie und ich, mal unsere abgehängten neuen Bundesländer, die ja noch weitgehend unbeschrieben sind, ins Visier nehmen könnten. Ihre indirekte Methode und meine Möglichkeiten könnten aufspüren, wie man selbstbewusst erzählen könnte von den Erfahrungen des Ostens seit 1990. Ganz schweres Thema, weil ja Lava auf Lava aus vorgefassten Meinungen und Urteilen darüberliegt. Und selbst die Gegenwehr gegen die Urteile, die aus dem Westen kommen, ist auch schon wieder schematisch.

DEMAND Da kommen wir schnell an einen derzeit wunden Punkt in der Kunst. Man weiß nicht, ob es möglich wäre, weil viele Opfer von Benachteiligung auf dem Standpunkt stehen, dass man sich das Leid der anderen nicht anverwandeln und es nicht ausdrücken kann oder darf. Wenn das richtig ist, dann implodiert meiner Meinung nach die Kommunikation und auch das Konzept des Kunstwerks. Denn der Sinn eines Kunstwerks als solchen ist ja letztlich Empathie, kein Mitleid. Wenn nur Schwarze über Schwarze sprechen dürfen oder nur noch schwarze Frauen über schwarze Frauen und man sagt, dass nur der Osten wirklich versteht, was der Osten sagt, dann haben wir eine Situation mit einer ganz furchtbaren Selbstzensur. In Amerika ist diese Tendenz noch viel virulenter, aber man merkt auch, dass sie sich in Deutschland verstärkt.

KLUGE Das ist furchtbar, ja, ein Riesenproblem. Es wirkt wie ein Zensurproblem – ohne Zensurbehörde. Es bleibt dabei: Man muss an der Widerstandslinie entlangdichten.

Quellen

S. 11-13:
Vgl.: *Entartete »Kunst«*. Ausstellungsführer, hrsg. von Fritz Kaiser, zusammengestellt von der Reichspropagandaleitung der NSDAP, Amtsleitung Kultur, Verlag für Kultur- und Wirtschaftswerbung, Berlin 1937, und Adolf Hitler: Rede zur Eröffnung der »Großen Deutschen Kunstausstellung« im Haus der Deutschen Kunst München, 18. Juli 1937.

S. 59-61:
Vgl.: Alexander Dymschitz: »Züge einer neuen Kunst«, in: *Tägliche Rundschau* vom 13., 14., 15. und 17. August 1946.

Alle Fotos sind Filmstills und stammen von Kameramann Caleb Deschanel.